Karl Baumann

Römische Denksteine und Inschriften der vereinigten Altertums-Sammlungen in Mannheim

Karl Baumann

Römische Denksteine und Inschriften der vereinigten Altertums-Sammlungen in Mannheim

ISBN/EAN: 9783742855336

Hergestellt in Europa, USA, Kanada, Australien, Japan

Cover: Foto ©ninafisch / pixelio.de

Manufactured and distributed by brebook publishing software (www.brebook.com)

Karl Baumann

Römische Denksteine und Inschriften der vereinigten Altertums-Sammlungen in Mannheim

RÖMISCHE DENKSTEINE

und

INSCHRIFTEN

der

Vereinigten Altertums-Sammlungen

in

Mannheim

von

Professor Karl Baumann.

Publikation des Mannheimer Altertums-Vereins
und zugleich
Wissenschaftliche Beigabe zum Programm des Gymnasiums zu Mannheim für das
Schuljahr 1888/89.

1889. Programm No. 579.

Mannheim.
Druck von J. Ph. Walther.
1889.

Einleitung.

Seitdem Ferd. Haug in der Programmbeilage unseres Gymnasiums 1875—77 die römischen Denksteine des Grossh. Antiquariums herausgegeben hat, ist in der Anordnung und im Bestand der hiesigen Altertumssammlungen eine durchgreifende Änderung und beträchtliche Vermehrung eingetreten. Die damals noch getrennt bestehenden und in unzulänglichen Räumlichkeiten untergebrachten Sammlungen des Grossh. Antiquariums und des Mannheimer Altertums-Vereins wurden im Jahr 1880 vereinigt und nach ihrer geschichtlichen Zusammengehörigkeit einheitlich aufgestellt. Während das neuorganisierte Hofantiquarium seitdem durch Ankäufe in Italien und Griechenland seinen Bestand an Erzeugnissen der altklassischen Kunst vermehrte, gelang es dem Altertums-Verein in einer Reihe antiquarischer Unternehmungen und Erwerbungen seinen Besitz an vaterländischen Altertümern beträchtlich zu erweitern.

Über die Entstehung und Geschichte des Antiquariums bis zum Jahr 1876 hat Haug in der Einleitung zu seinem Programm eingehend berichtet; für den vorliegenden Zweck mag es genügen, darauf zu verweisen. Dagegen möge hier eine kurze Darstellung der Begründung und Entwicklung des Altertums-Vereins, dem weitaus die Mehrzahl der hier zur Besprechung kommenden Gegenstände angehört, einen Platz finden.

Der „Mannheimer Altertums-Verein" wurde am 2. April 1859 begründet durch eine Gesellschaft hiesiger Bürger, die an bestimmten Tagen „am runden Tisch" im Gasthaus zum Silbernen Anker dahier zusammenkamen und durch mittelalterliche Funde, die beim Neubau eines abgebrannten Hauses (Lit. S 1 No. 8) gemacht worden waren, zur Sammlung auf Mannheim bezüglicher Altertümer angeregt wurden. Es waren keine Fachgelehrten, die hier zu einem wissenschaftlichen Unternehmen zusammentraten, sondern schlichte Bürgersleute, die, von einem warmen Heimatsgefühl beseelt, die ihnen mangelnde wissenschaftliche Vorbildung durch einen für die geschichtliche Forschung empfänglichen Sinn, durch unermüdlichen Sammeleifer und selbstlose Opferwilligkeit zu ersetzen wussten und dank der Mithilfe gleichgesinnter Freunde in kurzer Zeit eine namhafte Zahl von Altertümern zusammenbrachten. Dabei begnügten sich diese Vertreter der neuen „Academia subterranea Palatina", wie sie sich scherzend nannten, nicht damit, Curiositäten planlos und bunt durcheinander zusammenzutragen, sondern sie waren sich von Aufang an darüber klar, dass es gelte, in zielbewusster, wissenschaftlicher Arbeit eine dauernde, gesicherte Grundlage für die heimatliche Geschichtsforschung zu schaffen. In diesem Sinne wurde bei der Begründung des Vereins in die Satzungen die Bestimmung aufgenommen, dass die Sammlung unveräusserlich sein und im Falle der Auflösung des Vereins nebst dem Vereinsvermögen der Stadt Mannheim zufallen solle. Sofort schritt man auch zur Anlegung einer historischen und archaeologischen Bibliothek, und die erste grössere Unternehmung, die der Verein in Angriff nahm, galt der Aufdeckung des grossen Gräberfeldes bei Wallstadt (Amt Mannheim), das nahe bei einander Reste vorrömischer, römischer und fränkisch-alemannischer Kultur geborgen hielt. Diese Ausgrabungen, die mit Hilfe freiwilliger Geldbeiträge seit 1860 mehrere Jahre lang fortgesetzt wurden, ergaben eine reiche und wertvolle Ausbeute, so dass auch namhafte auswärtige Forscher, wie Morlot-Lausanne und Lindenschmit-Mainz mit dem Verein in Verbindung traten und ihm Rat und Beihilfe liehen.

Der eigentliche Begründer und gewissermassen die Seele des Vereins war der Privatmann Jak. Phil. Zeller; er hatte in unermüdlicher Arbeit, unterstützt durch zahlreiche persönliche Beziehungen in- und ausserhalb der Stadt, dem Verein über die schwierigen Anfangsjahre hinweggeholfen. Nach seinem am 20. September 1862 erfolgten Tod übernahm der praktische Arzt Dr. L. Gerlach den Vorsitz, ein Mann von hervorragender Begabung und umfassenden Kenntnissen auf dem Gebiet der Geschichte und der Altertümer. Die Grundsätze, die er beim Antritt seines Amtes als leitende bezeichnete — jährliche Feststellung des Budgets, planmässige Abrundung und Begrenzung der Sammlung, streng wissenschaftliches Vorgehen bei Ausgrabungen mit sofortiger Aufnahme des Befundes, endlich Anschluss an die Grossh. Sammlung (Antiquarium) — sind für alle Zeiten massgebend geblieben.

Während die Wallstadter Grabungen seit 1863 in ihren Ergebnissen allmählich zurückblieben, bis sie 1869 ganz eingestellt wurden, wandte sich die Aufmerksamkeit und Thätigkeit des Vereins andern Orten der badischen Pfalz zu, so dem bei Wiesloch gelegenen Walldorf, wo 1863 ein Grabhügel aus der sogen. Hallstatter Periode geöffnet wurde, und namentlich Ladenburg, das fast alljährlich Kleinaltertümer, seit 1865 auch römische Skulpturen lieferte. Im ebengenannten Jahre kamen auch die ersten römischen Funde (Münzen) von Neuenheim (bei Heidelberg) und solche von Stettfeld (bei Bruchsal) in die Sammlung, während Grabungen nach römischen Bauten in dem nahen Ilvesheim 1862 und 1866 nur geringen Erfolg hatten. Im Sommer 1867 begann man mit Ausgrabungen im Römerkastell Osterburken, die, mit Unterbrechungen bis 1874 fortgesetzt, eine reiche Ausbeute an Altertümern ergaben und eine, wenigstens vorläufige, topographische Aufnahme des Lagers (vergl. Cohausen, röm. Grenzwall Taf. 50) ermöglichten. Zu gleicher Zeit erfolgten — ein Beweis für die Leistungsfähigkeit des Vereins — umfangreiche Ankäufe von Altertümern, die in und bei Mainz (in einem römischen Pfahlbau beim Dimesser Ort) gefunden waren, wofür rund 2500 Gulden ausgegeben wurden.

Im Jahr 1874 starb der Schriftführer des Vereins, Baumeister Stein, und 1879 der Vorsitzende, Dr. Gerlach; beide hatten während 15 Jahren und zuletzt unter schweren körperlichen Leiden dem Verein ihre beste Kraft gewidmet. Das Amt des Schriftführers übernahm 1874 Professor Haug, nach dessen Ernennung zum Gymnasiumsdirektor in Konstanz 1876 Leihhauskassier A. Rösinger, der auch seit 1863 bis heute die Vereinskasse führt, 1878 Landgerichtsrat Christ, 1879 Direktor Walleser, 1885 der Unterzeichnete. Gerlach's Stellvertreter und Nachfolger im Vorsitz war Oberhofgerichtsrat Huffschmid, da dieser aber noch im gleichen Jahr wie Gerlach (1879) starb, übernahm Landgerichtsrat Christ den Vorsitz; nach dessen Ernennung zum Oberlandesgerichtsrat 1882 folgte der jetzige Vorsitzende Major a. D. Seubert.

Während der Bestand der Sammlung sich fortwährend vermehrte, bot ihre Unterbringung und räumliche Anordnung Jahre lang grosse Schwierigkeiten. Das Zimmer im „Silbernen Anker", wo die Sammlung begründet worden war, reichte nach wenigen Jahren nicht mehr aus. Im Jahr 1865 stellte die Stadtbehörde einen Saal im Fruchtlagerhaus unentgeltlich zur Verfügung, aber 1896 finden wir die Sammlung nebst Bibliothek wegen Raummangels an vier verschiedenen Örtlichkeiten in der Stadt untergebracht. Ebensowenig konnten die zwei Säle, die 1867 im linken Schlossflügel gemietet wurden, auf die Dauer genügen. Im Jahre 1877 wurden endlich die noch jetzt benützten Räume von der Hoffinanzkammer [und zwar ohne Mietzins] dem Verein überlassen.

Um dieselbe Zeit kam auch die Frage einer Umgestaltung und Neuordnung des Grossh. Hofantiquariums in Fluss. Nach Haug's Weggang verwaltete der Grossh. Galeriedirektor Weller das Amt des Custos provisorisch; die Art, wie die Sammlung aufgestellt war, blieb eine ungenügende. Die Steindenkmäler hatten in dem Corridor des rechten Schlossflügels, wo sie seit der Begründung des Antiquariums standen, unter unzulänglichem Licht zu leiden, die übrigen Altertümer standen in einem Saal im Mittelbau des Schlosses, verstaubt, ohne Behältnisse und ohne Inventarverzeichnis. So war bereits der Plan aufgetaucht, die Sammlung in der Weise zu teilen, dass die auf die Pfalz bezüglichen Gegenstände dem Altertums-Verein, die Antiken aber an die staatliche Sammlung in Karlsruhe überwiesen werden sollten; dagegen trat der Vereinsvorstand in einer Eingabe an den Stadtrat dafür ein, dass das Hofantiquarium in seinem Bestande ungeschmälert hier verbleiben und mit der Vereinssammlung verbunden werden solle. Die Angelegenheit wurde denn auch im Jahre 1879 in erwünschter Weise erledigt, indem S. K. H. der Grossherzog im Sinne der einst von Grossherzog Karl Friedrich gegebenen Zusicherung das Antiquarium hier beliess und zugleich durch die Hoffinanzkammer die geeigneten Räume anweisen liess, wo dasselbe im Anschluss an die Vereinssammlung aufgestellt werden konnte. Andrerseits fand sich die Stadtbehörde bereit, die für eine würdige Aufstellung der Sammlungsgegenstände erforderlichen Behältnisse zu beschaffen und bewilligte einen jährlichen Zuschuss für Vermehrung und Ergänzung des Hofantiquariums. Im Januar 1880 wurde der Unterzeichnete zum Custos ernannt; im März trat der neugebildete Verwaltungsrat des Antiquariums zusammen; im Einvernehmen mit dem Grossh. Delegierten, Geh. Hofrat Dr. Wagner, wurde die Vereinigung mit der Vereinssammlung unter Vorbehalt und Kennzeichnung der beiderseitigen Eigentumsrechte beschlossen und ein Statut für das Antiquarium aufgestellt, das am 28. Mai 1880 durch S. K. H. den Grossherzog genehmigt wurde.

Im gleichen Monat erfolgte die Übersiedelung in die neuen Räume neben dem Altertumsverein. Im Herbst 1882 fanden dann auch die Steindenkmäler der „Vereinigten Sammlungen" in einem bis dahin vom Kunstverein innegehaltenen Saale des rechten Schlossflügels und zwar im Anschluss an die Gipsabgüsse eine würdige und zweckmässige, wenn auch von der übrigen Sammlung getrennte Aufstellung.

Die Vereinigung der beiden Sammlungen, die sich wechselseitig ergänzen, brachte, indem sie das Interesse für geschichtliche Forschung und Altertumskunde in hiesiger Stadt steigerte, auch dem Altertums-Verein eine erfreuliche Förderung; durch die jährliche Zunahme der Mitgliederzahl wuchs die Leistungsfähigkeit des Vereins zu Unternehmungen und Ankäufen, auch sah sich die Stadtbehörde in Anbetracht der gemeinnützigen Arbeit des Vereins veranlasst, ihren jährlichen Zuschuss (seit 1871: 200 fl. 1875: 350 M.) auf 1000 Mark zu erhöhen. So brachten die achtziger Jahre neben zahlreichen Ankäufen hauptsächlich mittelalterlicher Gegenstände alljährlich Ausgrabungen und archaeologische Unternehmungen, so bei Neckarau (römische Bauten, 1880 und 1882), Neckarburken (desgleichen, 1881), Lobenfeld (Wachthaus und Römerstrasse, 1884), Schwetzingen (fränkisch-alemannische Gräber, 1885) und Edingen (desgleichen, 1886), endlich bot Ladenburg fast jedes Jahr Anlass und Anhaltspunkte zu meist erfolgreichen Unternehmungen.

Die vorliegende Arbeit stellt nun in ihrem ersten Teil die römischen Denksteine zusammen, die der Mannheimer Altertums-Verein während der drei Decennien seines Bestehens bei Ausgrabungen zu Tage gefördert oder durch Kauf oder Schenkung erworben hat; sie bildet somit eine Ergänzung oder Fortsetzung des Haug'schen Katalogs, der die Denksteine des Antiquariums behandelt und, was Anordnung und Behandlung des Stoffes betrifft, als Vorbild gedient hat. An die Steindenkmäler schliessen sich die römischen Inschriften an, die sich auf Kleinaltertümern der beiden Sammlungen finden, wobei der Besitzstand (ob Hofantiquarium oder Altertums-Verein) jeweils angegeben ist. Beim alten kurpfälzischen Bestand des Antiquariums ist leider nur in wenigen Ausnahmefällen die Herkunft der einzelnen Stücke bekannt. Die Anordnung der Denksteine und Inschriften ist aus dem Register ersichtlich, die Abweichungen der jetzigen Numerierung der Denksteine von der früheren aus der beigefügten Tabelle.

Für vielfache Anregung und Förderung bei meiner Arbeit bin ich Herrn Karl Christ in Heidelberg und besonders meinem Vorgänger im Amt als Custos des Antiquariums und derzeitigen Direktor unseres Gymnasiums, Herrn F. Haug, zu grossem Dank verpflichtet. Ihnen, sowie meinen werten Kollegen, Herrn Maler W. Dünckel, der die Zeichnungen zu den beiden Tafeln herstellte, und Herrn Dr. Dalitzsch, der die Denksteine petrographisch bestimmte, sei für ihre freundliche Mithilfe auch an dieser Stelle herzlich gedankt.

Mannheim, im Februar 1890.

K. Baumann.

Osterburken (Amt Adelsheim).

1. Kleiner Altar aus feinkörnigem Grünsandstein, „der bei Wimpfen bricht" *(Fickler)*, gefunden 1868 in einem der vierzehn Türme des dortigen Römerkastells. Auf dem schlanken, pfeilerartigen Hauptteil, der 8 cm breit, ebenso tief und noch 15 cm hoch ist, — der untere Teil ist abgebrochen — erhebt sich ein 5,5 cm hohes Gesims mit Giebelkrönung zwischen zwei Voluten. Darüber erscheint eine zum Ausgiessen geneigte Opferschale mit Resten der sie haltenden r. Hand. Der Stein gehörte also zur Darstellung eines Genius, der neben dem Altar stehend die Opferspende darüber ausgoss. Eben daher rührt auch die Bruchfläche rechts oben am Gesimse. Ähnliche Darstellungen bei Dorow, röm. Altertümer bei Neuwied, Taf. 8 ff. Die Gesamthöhe des Steins beträgt noch 26 cm Auf der vordern Fläche die Inschrift mit nicht tief, aber scharf eingemeisselten 12—13 mm hohen Buchstaben (die P sind offen):

GENIO
OPT
COH III   Genio opt(ionum) coh(ortis) tertiae Aquit-
AQVIT   (anorum) Philippianae.
PHILIPPI
ANAE

Fickler und K. Christ lasen *optimo*, Mommsen *optionum*. Ein Epitheton ornans bei *genius* ist selten, in der Regel folgt unmittelbar der attributive Genetiv. Die *optiones* (Unteroffiziere), deren Schutzgott hier ein Standbild geweiht wird, wurden, wie Mommsen (Eph. ep. V. S. 113 ff.) nachgewiesen hat, in der spätern Kaiserzeit vielfach als niedere Verwaltungsbeamte verwendet. So erscheint ein *optio navaliorum* = Werftmeister auf zwei Mainzer Inschriften aus den Jahren 185 und 198

n. Chr., ferner ein *optio valetudinarius* = Spitalverwalter, ein *optio balnearis* = Bademeister und ein *optio carceris* = Kerkermeister bei Marquardt-Mommsen. V. S. 545, Anm. 2 und S. 551 ff. Gemeinsame Weihungen vom Stande der *optiones* sind sonst nicht nachgewiesen; eine solche ist auch hier nicht notwendig anzunehmen. Der Name des oder der Weihenden sowie die Weiheformel müsste, wenn überhaupt angegeben, auf der verloren gegangenen, für Altar und Statuette gemeinsamen Basis gestanden haben.

Die dritte Aquitanische Cohorte, aus einer Inschrift von Neckarburken (Bramb. 1728) auch als *equitata civium Romanorum* bekannt, erscheint hier mit dem sonst nicht bezeugten Beinamen *Philippiana*, der auf den Kaiser Philippus Arabs (244—249 n. Chr.) hinweist. Demselben Kaiser gehören auch sieben Münzen an, die im Kastell gefunden wurden, während spätere Kaisermünzen (von Herennius, Trebonianus, Claudius II und Constantius II) nur noch in je einem oder zwei Exemplaren vorkamen (vgl. Bissinger, Funde röm. Münzen in Baden S. 33 No. 230).

Fickler und Mommsen, Arch. Zeitg. 1858, S. 64. Fickler, B. J. 46, S. 112 und Korr. Bl. d. Ges. Ver. XVI, S. 64. Haug, B. J. 56, S. 164. Ohlenschlager, röm. Truppen in Bayern, S. 87.

2. Fragmentierte Statuette eines Genius, von feinkörnigem rotem Thonsandstein mit gelbem Glimmer, nach Haug's Aufzeichnungen im Kastell gefunden. Die faltenreiche Chlamys fällt über die Schulter und den Arm herab und ist um den Leib geschlungen, im linken Arm ruht ein Füllhorn, die fehlende r. Hand hielt vermutlich die Schale. Ausserdem fehlt der Kopf und beide Beine vom Knie ab; Gewandung und Füllhorn ist mehrfach beschädigt. Die Arbeit ist gering. Gesamthöhe noch 39,5 cm. Wahrscheinlich gehört hiezu:

2a. Basis mit Votivinschrift, von gleichem Steinmaterial und ebenfalls (leider ohne nähere Angabe) im Kastell gefunden. Sie ist aus drei Bruchstücken, deren Zusammengehörigkeit Haug erkannte, zusammengekittet, 14 cm hoch, 31 breit, 13,5 tief und trägt vorn und auf beiden Nebenseiten Sockel- und Gesimsleisten, die Rückseite ist mit dem Spitzhammer rauh gearbeitet. Auf der obern Fläche ist zur Linken der Sockel eines viereckigen Pfeilers (Altars) und rechts daneben der rechte Fuss einer Statuette erhalten, welch letzterer in seinem Grössenverhältnis zu Nr. 2 passt. Wir dürfen demnach, Nr. 2 und 2a zusammengenommen, darin die gleiche Darstellung erkennen, wie bei Nr. 1: Genius am Altar opfernd. Auf der Vorderseite von Nr. 2a die fragmentierte, nicht sicher zu ergänzende Inschrift:

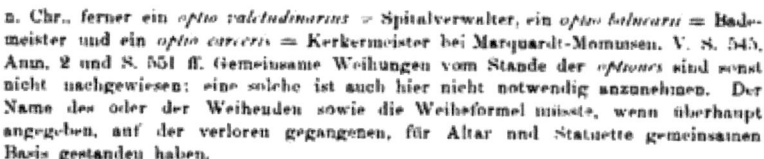

| M A R | | Mar[tius Victo]rin[us v(otum) s]olvit.] |
| R I N | L · L · M | l(aetus) l(ibens) m(erito.) |

Am Ende von Zeile 1 die Reste eines O. —

Die Bezeichnung des Genius müsste demnach wie bei No. 1 auf dem (hier fehlenden) Altärchen gestanden haben.

Haug, B. J. 56, S. 165 besprach die Basis für sich allein (als Altar) und ergänzte: Marti Victorinus etc.

3. Bruchstück einer **Votivtafel** von rotem Sandstein mit silberweissem Glimmer. 16 cm hoch. 15 breit.

IO>	Haug ergänzte versuchsweise: [Ge]nio c[enturiae]
VANI	[Iulii Sil]vani
VOFF	[de su] oder [in su]o f[ecit]

unter Hinweis auf eine *c(enturia) Iul(ii) Silvani* in Oehringen (Bramb. 1554), jedoch fehlt dann noch der Name des Weihenden (auf der dritten oder vierten Zeile?), und auch vor *Genio* müsste dem Raume nach noch etwas gestanden haben. Bei der Kleinheit des Bruchstücks scheinen indes alle Ergänzungen unsicher.
Haug. B. J. 56. S. 165.

4. Bruchstück eines **Votivsteins** von rotem Sandstein. 16—20 cm dick, 7—8 cm hoch. 18 cm breit.
ITO·A bietet keinen Anhalt zu einer sichern Ergänzung.
Haug. B. J. 56. S. 165.

5. Bruchstück eines **Reliefbildes** von grünlich grauem und braungeflecktem mergeligem Sandstein, „auf dem Hageracker" im Kastell gefunden, aus dem Besitz von Pfarrer Wenz durch K. Christ erworben und 1892 dem Altertums-Verein geschenkt. 36 cm breit, noch 29—30 cm hoch. Eine weibliche Gestalt (nur der untere Teil bis zu den Knieen erhalten) in langem, faltigem Gewand, das bis auf die Füsse herabfällt. Die Rechte hielt den Speer, die Spitze nach unten, zu ihrer Linken sitzt die Eule, also **Minerva**. Am Fussende auf der um 10 cm vorspringenden, 6 cm hohen, glatten Basis die Inschrift, die wir nach K. Christ ergänzen:

·· ·· ·· ·· ATTONIVS·FORTIO ꓱEX	[Minervae C]attonius Fortio c(enturio) ex corni-
CORNC·E·PLACIDVS PLACIDNVS꓿	c(ulario) et Placidius Placidinus c(enturio) [p(osuerunt)]

Die P sind geschlossen, die Zeilen vorliniert, doch reicht das ꓱ der zweiten Zeile nicht bis zur oberen Linie, auch ist es unten verletzt; trotzdem ist die Lesung nicht anzuzweifeln. Auf dem abgebrochenen Ende der zweiten Zeile ist noch Raum für P, kaum für PO, was nach Pfarrer Wenz früher noch sichtbar gewesen sein soll. Höhe der Buchstaben 1,8 cm.

Der Name *Cattonius* findet sich auf einer Mainzer Inschrift (Bramb. 2058), das Cognomen *Fortio* auf einer solchen von Neckargemünd (Haug 85=Bramb. 1718). „Der *Cornicularius*, so benannt von einem Helmschmuck, *corniculum*, den er als *insigne* seines Amtes trägt, ist ein Adjutant, den jeder Commandeur eines grösseren Truppenteils hat" (Marqu.-Momms. V, S. 546). Cattonius ist also vom Cornicularius zum Rang eines Centurio aufgerückt, sein Kamerad Placidius nennt sich einfach Centurio. Die Behauptung Bone's (Anleitung S. 9), das Zeichen ꓱ stehe nur für *centuria*, nicht für *centurio*, ist schon von Zangemeister (B. J. 75 S. 142) zurückgewiesen worden. Die Annahme Christ's, dass vor Cattonius der Name der Göttin stand, hat alle Wahrscheinlichkeit für sich, doch reicht der Raum nur für die ligierte Schreibung des Namens aus, vielleicht MI NE RVE.

<small>Bramb. (nach K. Christ) 2067 a. K. Christ, Arch. Z. 1883, S. 75 ff. Haug, B. J. 56, S. 164. Die hier aufgenommene Lesung von K. Christ in Pick's Monatsschr. VII. S. 190.</small>

Ferner stammen nach Haug's Aufzeichnungen von Osterburken folgende sechs Bruchstücke:

6. **Bartloser Kopf**, wahrscheinlich weiblich, von Kaolinsandstein. Das Gesicht, dessen oberer Teil mit Stirne und Augen abgebrochen ist, zeigt ziemlich gute Arbeit, volle Formen, Grübchen im Kinn; die reichen Locken sind von Lorbeer bekränzt. Noch 15 cm hoch, über die Backenknochen gemessen 8 cm breit, aus zwei Stücken zusammengekittet, hinten flach gearbeitet, vielleicht von einem Relief herrührend.

7. **Jugendlicher Kopf**, von gelbem Sandstein, von reichen Locken umrahmt. Die vorstehenden Ohren und der dicke Hals geben dem Kopf etwas Satyrhaftes. Die Pupillen sind ausgebohrt, die Nase halb abgeschlagen. 11 cm hoch, 9 cm breit.

8. **Weiblicher Kopf** von gemeinem gelbem Thonsandstein, von vollen Formen, aber roher Arbeit, mit Lorbeerkranz, unter welchem kleine, schematisch gearbeitete, schneckenartig geringelte Locken hervortreten, die das Gesicht umrahmen. Auf dem Schädeldach ist die Frisur strahlenförmig angeordnet. Die Ohren sind nicht angedeutet, die Pupillen nur umrissen, das Gesicht ist etwas abgescheuert, der Hinterkopf abgebrochen. Noch 13 cm hoch, 10 cm breit, aus zwei Stücken zusammengekittet.

9. **Kleiner weiblicher Kopf** von gelbem Sandstein, hinten flach, wahrscheinlich zu einem Relief gehörig. Das ovale Gesicht ist von reichen Locken umrahmt, darüber ein Diadem. Vielleicht eine Venus. Die Formen haben durch Verwitterung gelitten, verraten aber eine ziemlich gute Arbeit. Die Nase ist beschädigt. Höhe 6,5 cm.

10. **Bruchstück** (oberer Teil) eines **Füllhorns** von gemeinem, rötlich gesprengtem Thonsandstein, 13 cm hoch, 10 cm breit.

11a u. b. **Bruchstücke von Statuetten** von rotem Sandstein. a Unterschenkel mit Ansatz eines Stiefels, 13 cm hoch; b desgleichen mit Gewandzipfel, 16 cm hoch.

Neckarburken (Amt Mosbach).

Im Frühjahr 1881 fanden sich links der von Neckarburken nach Dallau führenden Landstrasse „an einer Stelle, die den Namen „bei der Burg" führt, und in deren Nähe schon vor etwa zwanzig Jahren römische Altertümer gefunden wurden" (G. Christ), die noch gut erhaltenen Grundmauern eines römischen Bauwerks mit zwei Kellergelassen von annähernd quadratischem Grundriss (etwa 5 m Seitenlänge), von dem ein Plan aufgenommen und dem Vereinsarchiv einverleibt wurde. In diesem Bau fanden sich ein Pfeilerkapitäl von Thonsandstein (No. 12) und „an der Aussenseite ohne bestimmte Ordnung eingemauert" drei Quader von rotem Sandstein (No. 13—15), letztere mit flachen, kunstlosen Reliefs, die auf den Opferdienst bezügliche Gegenstände darstellen.

12. Das Kapitäl, von 23 cm Höhe und quadratischem Grundriss mit 45 cm Seitenlänge, ist glatt, ohne Ornament, stufenförmig profiliert. Wenn es ein Dübelloch hätte, möchte man es eher für die Basis eines Pfeilers halten.

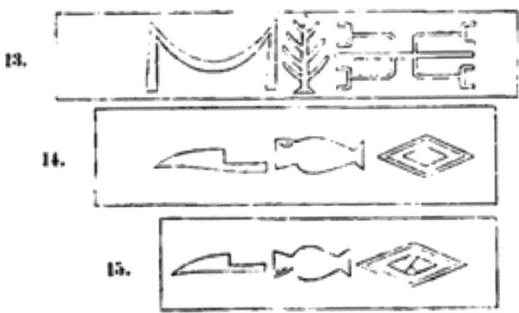

13. Quader von 89 cm Länge, 16 cm Höhe und 23 cm Dicke. Auf der mit Reliefs versehenen Vorderseite erscheint links eine vitta oder infula, die als Kopfschmuck des Priesters dient und auch zur Schmückung des Opfertieres gebraucht wird; sie erscheint an zwei Punkten aufgehängt mit beiderseits herabhängenden Enden. Rechts davon ein aufrecht stehender Palmzweig und endlich ein eigenartiger, viergabeliger Gegenstand, der wohl als Blitz gedeutet werden muss.

14. Quader von 77 cm Länge, 20 cm Höhe und 27 cm Dicke. Links ein einschneidiges, breites, nach vorn sich zuspitzendes Opfermesser (culter), in der Mitte ein bauchiger Henkelkrug (guttus), rechts ein Gegenstand von rhombischer Gestalt mit Randleiste, der in seiner unbeholfenen Darstellung als Opferbrot (libum) oder als Weihrauchkästchen (acerra) gedeutet werden kann.

15. Quader von 63 cm Länge, 20 cm Höhe und 20 cm Dicke mit ähnlicher Darstellung wie auf No. 14, nur dass im Mittelfeld des rhombischen Gegenstandes noch zwei sich kreuzende Linien erscheinen.

Die dargestellten Gegenstände weisen auf die verschiedenen Arten des Opfers, Trank- und Speiseopfer (bezw. Rauchopfer), das Messer auf das blutige

Opfer (von Kleinvieh) hin. Palme und Blitz sind als Symbole einer bestimmten Gottheit, nämlich des Juppiter, aufzufassen; ihm wird beim Triumph ein Palmzweig gespendet („palmam dedit" in den Triumphalfasten), und Blitze von Gold und Silber werden ihm als Weihgeschenke dargebracht. (Vgl. Preller, röm. Mythologie* Band I, S. 231.)

(G. Christ), Jahresber. d. M. A. V. 1883. S. 7.

Neckarelz (Amt Mosbach).

16. Sogenannter Wochengötteraltar, von kreisrunder, cylindrischer Form, 51 cm hoch und 44 cm im obern Durchmesser. Das Material ist gemeiner rotgelbgefleckter Thonsandstein. Der Stein, dessen ursprüngliche Herkunft unbekannt ist, stand bis zu seiner 1873 erfolgten Erwerbung durch den Mannheimer Altertums-Verein in der katholischen Kirche zu Neckarelz, wo er als Taufbecken diente; daher die kesselförmige Aushöhlung auf der Oberfläche. Unten ist ein Dübelloch von 3,5 auf 4,5 cm Durchmesser und 2,5 cm Tiefe. Die vertieft liegende Bildfläche von 25 cm Höhe und 116 cm Umfang ist nach unten durch einen 12 cm hohen, einfach profilierten Sockel (140,5 cm Umfang), nach oben durch ein entsprechendes 13 cm hohes Gesimse (138,5 cm Umfang) abgeschlossen und zeigt in sieben flachen Bogennischen folgende Figuren (in der Reihenfolge von links nach rechts): (Vergl. die Abbildung Tafel I. 1a und b.)

a. Saturn, mit Vollbart, in Ärmeltunica und kurzen Hosen; der Mantel ist über den Kopf gezogen und fällt über den l. Arm und hinten über den Rücken herab. Die gesenkte Rechte hält eine zweispitzige Harpe, in der Linken ruht ein undeutlicher Gegenstand (Körbchen mit Feldfrucht?).

b. Sol, mit der Chlamys bekleidet, die auf der r. Schulter geknüpft und von der l. Hand heraufgenommen ist, der r. Arm ist zum reichgelockten Haupt erhoben.

c. Luna, in Doppelgewand, hält mit der erhobenen Rechten den Schleier, der hinter dem r. Arm tief herabhängt — am untern Zipfel eine Quaste — und andrerseits die l. Brust bedeckt. Der l. Arm, in die Hüfte gestemmt, ist in das um den Leib geschlungene Himation (oder Schleier?) gehüllt. Das Untergewand fällt bis auf die Füsse herab.

d. Mars, mit Helm, Panzer und Panzerschurz. Die erhobene r. Hand hält die Lanze (Spitze nach unten), die gesenkte l. ruht auf dem Rand des neben ihm stehenden Schildes. Der Helmbügel ragt über die Nische hinaus.

e. Mercur, mit beflügeltem Haupt; die Chlamys hängt über die l. Schulter und den Arm fast bis zum Boden herab, die l. Hand hält den Schlangenstab, die gesenkte r. den Beutel. Zu seiner Rechten sitzt der Bock, dessen Kopf unförmlich gross gebildet, während Rumpf und Beine nicht mehr deutlich erhalten sind.

f. Juppiter, nackt, mit Vollbart, hält in der erhobenen l. Hand das Scepter, in der gesenkten r. den Blitz.

g. Venus, zieht den im Rücken bis zu den Knieen herabhangenden Mantel mit der l. Hand nach vorn, so dass er den l. Schenkel bedeckt, das r. Bein ist vorn übergeschlagen (l. Standbein). Sie hält in der erhobenen Rechten den kreisrunden Spiegel ohne Griff und trägt auf dem Haupte das Diadem.

Seit den epochemachenden Funden von Juppiter- oder Gigantensäulen zu Merten 1878, (Kraus-Arnold B. J. 64, S. 94 und Prost, revue archéolog. nouv. série vol. 37) und Heddernheim (Donner-von Richter, Heddernh. Ausgrabungen, Frankfurt 1885) darf man annehmen, dass die Wochengöttersteine — ebenso wie die sogen. Viergötteraltäre — nicht selbständig, sondern als Teile grösserer Denkmäler verwendet waren, und zwar als Zwischenglied und Übergang von dem als Sockel dienenden Viergötterstein zu der das Götterbild tragenden Säule.

Vgl. Haug, die Wochengöttersteine, Westd. Zeitschr. IX, S. 17 ff., wo unser Stein unter No. 7 aufgeführt und Tafel I. 1 abgebildet ist. Ferner Fecht, Geschichte der badischen Landerhaften II, S. 57. K. Christ, monum. No. 6 und Addenda. Bei Donner-v. Richter, Heddernh. Ausgrab. S. 10, Anm. irrtümlich als sechs- oder achteckiger Stein erwähnt. Zu den Wochengöttern vgl. Lehne, gesammelte Schriften I. S. 341 ff, de Witte, divinités des 7 jours de la semaine, Gazette arch. III, S. 50) ff. 77 ff. V, S. 1 ff. Lersch, B. J. 4, S. 133 ff. 5—6, S. 299 ff. und 8. S. 145 ff.

Steinsfurt (Amt Sinsheim).

17. Sogenannter Viergötteraltar von braunrotem Sandstein, nach K. Christ ums Jahr 1777 auf dem Friedhof des Dorfes gefunden, von dort nach Hilsbach, dann in das Ordenshaus der Deutschritter, später Leiningensches Rentamt, in Neckarelz verbracht, und durch Vermittlung des Rentamtmanns Achenbach im Jahr 1873 vom Altertums-Verein erworben. Höhe 144 cm, die Seiten je 62 cm breit. Oben eine 6 cm tiefe muldenförmige Aushöhlung von 24 cm Durchmesser. Die umrahmte Bildfläche ist auf allen Seiten stark verwittert, so dass die Reliefs, die auch ursprünglich flach gehalten waren, etwas verwaschen und nicht mehr sehr deutlich sind. Dargestellt sind von l. nach r.:

a. Juno, im langen faltenreichen Doppelgewand: der Schleier fällt auf beide Schultern herab, der rechte Arm ist gesenkt, das Gewand unter ihm durchgezogen, die r. Hand, die wohl die Schale hielt, fehlt, die l. scheint eine Weihrauchbüchse zu halten. Das Gesicht ist ganz abgerieben.

b. Mercur, ganz nackt; die gesenkte r. Hand hält den Beutel, die abgebrochene l. hielt den Stab, der aufrecht, die Schlangen nach oben, auf den Boden aufgestellt ist. Zu seiner Rechten liegt der Hund, dessen Kopf abgeschlagen ist.

c. Herkules, mit Vollbart: vom l. Unterarm, der abgebrochen, hängt das Löwenfell herab, die gesenkte Rechte, die nebst Unterarm ebenfalls fehlt, hielt die Keule auf den Boden aufgestellt.

d. Minerva, im langen Gewand, mit reichem Lockenhaar, hält in der erhobenen r. Hand die Lanze, die l. ruht auf dem neben ihr stehenden Schild. Zu ihrer Rechten sitzt die sehr klein dargestellte Eule am Boden. Gesicht und Unterarme sind fast ganz abgesplittert.

K. Christ. monum. 19. Leichtlen, Zehn-Lande S. 92; nach ihm wird der Stein zuerst erwähnt in der (nicht mehr aufzutreibenden) Mannheimer Zeitung v. J. 1777 No. 42. Wilhelmi, I Sinsh. Jahresber. S. 48, wo als Fundort fälschlich der Eichelberg genannt ist, und nach ihm ebenso falsch: Fickler, röm. Alterth. 4.

Spechbach (Amt Heidelberg).

18. Unterteil eines Altars mit vorspringendem profiliertem Sockel, von braungeflecktem Grünsandstein. 1881 von Gutsverwalter Edinger in der Flur Neurott neben der Römerstrasse unter vielen Ziegeltrümmern gefunden, durch Prof. Benecke nach Heidelberg verbracht, dort eine Zeit lang verschollen, durch Gustav und Karl Christ 1883 wieder aufgefunden und vom Besitzer dem Verein geschenkt. Gesamthöhe noch 43,5 cm. Sockelhöhe 13,5 cm, Breite am Sockel 39 cm, die Schriftfläche ist 38,5 cm breit und 22 bis 30 cm hoch. Der Stein ist hinten glatt abgeschlagen, so dass er nur noch 6 cm, am Sockel 10 cm Tiefe hat.

```
       A N I
    . I E S S I S
   D E    S V O            Die Schrift ist nicht sorgfältig gearbeitet,
                        die Zeilen krumm. Abstand und Höhe der Buch-
   F E C E R V N T       staben ungleich. Zeile 3 = 3 bis 3,2 cm hoch,
                        Z 4 = 2,8 bis 3,1, Z 5 und 6 = 2,7—3 cm.
   C V R A Q V N T I
   D A C C I
```

19. Bruchstück einer Votivtafel von rotem Sandstein, 20 cm dick, 17 cm hoch, 20 cm breit. Unweit von No. 18 im Flurbezirk „alter Keller" nahe der kleinen Spechbach gefunden, durch Gustav und Karl Christ 1883 für den Verein erworben. Oben, unten und links ist der Stein abgesprengt, um als Baustein verwendet zu werden.

```
      . O
     M E R E              Die Buchstaben sind scharf und tief gear-
                       beitet. in Zeile 2 = 4,2 cm, Z 3 = 3,6 cm,
     C A N I           Z 4 = 3,5 cm hoch.
   E D I E N S
```

Zangemeister hat beide Steine in der Westd. Zeitschr. Korrespzbl. II. 141 zum erstenmal veröffentlicht und als Belege für einen bis dahin noch unbekannten, in der Gegend des Fundorts anzusetzenden *Vicus Nediensis* eingehend besprochen. No. 18 ist, wie Zangemeister berichtet, nach der Auffindung beschädigt worden; anfangs war Zeile 2 noch ganz erhalten und lautete N E D I E S S I S, jetzt ist von D noch die Haste und davor noch der untere Querstrich des E erhalten. Wir ergänzen nach Zangemeister:

No. 18. Vicani Nediessis de suo fecerunt cura Quinti Daccii.

Z. nimmt an, dass am Ende der ersten Zeile noch V (vicil) gestanden habe, wodurch die Genetivform *Nediessis* erklärt würde. Indes ist fraglich, ob der

Raum für V ausreichte, eher dürfte ein Schreibfehler (statt *Nediessis*) anzunehmen sein, zumal da die Inschrift ohnehin nicht sorgfältig gearbeitet ist. Der Name der Gottheit, welcher der Altar geweiht war, stand vermutlich auf dem verloren gegangenen obern Teil der Inschrift.

No. 19 ergänzt Zangemeister:

[Mercu]r(i)o [et Ros]mert(a)e [sac(rum) vi]cani [vici N]ediens[is]

Zeile 1 war R mit I ligiert, Zeile 3 sacrum abgekürzt. Zeile 4 erscheint vici fraglich, weil es an Raum dafür fehlt. In Folge der starken Verstümmelung fehlt ausser der ersten Hälfte der vier Zeilen auch der Anfang und der Schluss der Inschrift. Ersterer könnte etwa ähnlich wie auf einer Mercur und Rosmerta geweihten Inschrift des hiesigen Antiquariums (Haug 15) IN·H·D·D·DEO (in honorem domus divinae deo) gelautet haben. Beide Steine gehören nach Zangemeister in den Anfang des dritten Jahrhunderts, wo diese Eingangsformel („zu Ehren des Kaiserhauses") häufig ist. Der Schluss der Inschrift enthielt die Weiheformel. Für die auf No. 18 erscheinende Nebenform *Nediessis* statt *Nediensis* führt Zangemeister Analogien an. Welchem Stadtbezirk (*civitas*) dieser *vicus Nediensis* zugeteilt war, ist noch unbekannt.

Vgl. ausser Zangemeister a. a. Ort: K. Christ. B. J. 83, S. 288.

Mönchzell (Amt Heidelberg)

20. Oberteil eines Viergötterstein von mergeligem Sandstein mit kalkigem, stark eisenschüssigem Bindemittel, von quadratischem Grundriss, 52 cm Seitenlänge, und noch 40 cm Höhe. Der Stein war im Schafstall des sogen. Schlosses zu Mönchzell eingemauert, wo die Brüder Christ ihn entdeckten, und wurde 1888 durch Vermittlung des Gutsverwalters Edinger in Spechbach vom Verein erworben. Die, wie es scheint, ursprünglich gut gearbeiteten Reliefbilder stehen in Rundbogennischen, sind aber, da die untere Hälfte des Steines fehlt, nur bis zur Mitte der Brust erhalten.

a. J u n o, mit Schleier über dem gewellten Haar, fast nur in den Umrissen erhalten.

b. M e r c u r, mit Flügeln am Haupt, die Chlamys über der l. Schulter.

c. H e r c u l e s, nackt, mit Vollbart.

Die vierte Seite ist, wahrscheinlich zum Zweck der baulichen Verwendung des Steins, glatt abgemeisselt.

K. Christ, B. J. 83, S. 289. (K. Baumann). Westd. Z. Korr. VII, 186.

Lobenfeld (Amt Heidelberg).

21. Bruchstück einer Gewandstatuette von gelbem, braungeflecktem, bituminösem Sandstein, gefunden 1884 in einem römischen Bau (Wachthaus?) östlich vom Dorfe, dicht an der Römerstrasse, vom Verein ausgegraben (Planzeichnung im Archiv), noch 15 cm hoch. Rumpf einer wohl weiblichen Figur in Ober- und Untergewand, aus dem letztern tritt das l. Bein hervor.

(K. Baumann). Westd. Z. Korr. IV, 15.

Stettfeld (Amt Bruchsal).

22. Altar von bituminösem, thonhaltigem Sandstein, 1866 ausgegraben „bei Abtragung eines Rains neben der gegen Bruchsal führenden Landstrasse von Daniel Müller zwischen seinem Hause (einem der letzten Gebäude Stettfelds gegen Süden) und seiner Scheuer" (Christ). Über dem glatten, oben 3,15 cm, unten 33 cm breiten, 56 cm hohen Inschriftfeld springt ein Gesimse vor mit ornamentiertem Giebel zwischen zwei Voluten; unten ein profilierter Sockel; im Ganzen 105 cm hoch, bei 19 cm Tiefe. Unter dem Sockel setzt sich ein ungefähr 20 cm hoher, 32 cm breiter und 10 cm dicker Zapfen an, der zum Einsetzen des Altars in eine Basis diente.

```
I N H D D
DE A B V S Q V
A  D  R  V
BIS RSINVS
C O C C E I
ET CASSI
CONIVNXVRSI
NIA GAIANI
EX VOTO
POSVERVNT
```

In honorem domus divinae deabus qn adru biis Ursinus Coccei (filius?) et Cassii coniunx Ursinia Gaiani (filia?) ex voto posuerunt.

Zeile 4 war V mit R ligiert, ein Punkt über I von Ursinus ist nur zufällig wie zahlreiche andre auf dem Steine. Die P sind geschlossen. Auffällig ist die Anordnung der Namen, die Verwendung eines römischen Gentilnamens (*Coccei*) als Einzelname eines Nichtrömers, die Weglassung von *filius* und *filia*, sowie die Voranstellung von *Cassii coniunx* vor den Namen selbst. Auch ist, wie Ihm bemerkt, das Verhältniss der beiden Weihenden zu einander unklar. Die Eingangsformel „*in honorem domus divinae*" ist seit Kaiser Commodus bei Weihinschriften häufig angewendet. Vgl. Wilmanns 1397 und oben No. 19. Über die germanischen und keltischen Weggottheiten und ihre Beziehungen zu den Laren und Matronen vgl. Ihm, der Mütterkultus etc. B. J. 83. S. 87 ff, wo unser Stein nebst andern als Beleg für den weiblichen Charakter der Weggottheiten genannt und als Hauptsitz dieses Kultus Obergermanien nachgewiesen ist.

Fickler-K. Christ, röm. Altert. 27. K. Christ monum. 27. Brambach A.d.R. 1761. Haug. B. J. 56 S. 163. Mone. Oberrh. Ztschr. 28 S. 406. Ihm. a. a. O. u. S. 132 No. 190.

23. **Reliefbild** einer sitzenden Frau, von feinkörnigem, glimmerhaltigem, rotem Sandstein, gefunden „im Garten des Friedr. Woll, Gewann Dorfgraben" *(K. Christ)*, 27,5 cm hoch, unten 13 cm breit, unten 7, oben 4 cm tief. In einer umrahmten, nur wenig vertieften Bildfläche, die sich oben nach Art einer Spitzbogennische verjüngt, erscheint in flachem Relief eine sitzende Frau, en face, in langem Gewand; die Hände im Schoss scheinen ein Attribut (Schale oder Körbchen) zu halten. Die Arbeit, namentlich die Gewandung, ist roh ausgeführt.

K. Christ, monum. No. 28.

24. Oberer Teil eines **Reliefs** von rotem, thonhaltigem Sandstein, gefunden wie No. 23. In der flach umrahmten Bildfläche erscheint eine bekleidete, weibliche Figur, die erhobene r. Hand fasst den das Haupt bedeckenden Schleier, die gesenkte l. scheint auf einem Gegenstand zu ruhen; vom Unterleib an abgebrochen. Das Relief ist stark abgewittert, teilweise auch die Umrahmung, die nach oben sich zu einem Dreieck verjüngt. 17 cm hoch, 16 cm breit, 5,5 cm tief.

K. Christ, monum. No. 28.

Ferner mögen hier zwei Bruchstücke von Architekturteilen erwähnt werden, die nahe bei No. 23 und 24, westlich von No. 22 ebenfalls im Gewann Dorfgraben gefunden wurden:

25. Bruchstück einer Schuppensäule, 32 cm hoch, 26 cm im Durchmesser; die Schuppen sind 15 cm hoch und 12 cm breit. Grünsandstein von gelblicher Färbung.

26. Bruchstück einer runden Tischplatte von ursprünglich etwa 1 m Durchmesser, jetzt noch 76 cm, auf der obern Fläche eine 7 mm hohe, 3,5 cm breite flache Randleiste, unten convex. Grünsandstein.

K. Christ, monum. No. 28, a. und b. — Ziegel mit Stempel L P L gleichen Fundorts folgen unten bei den Inschriften auf Kleinaltertümern.

Ladenburg (Amt Mannheim).

27. **Reiter mit Gigant**, fragmentierte Gruppe aus Grünsandstein, noch 51 cm hoch, einschliesslich des 6,5 cm hohen Sockels, 28 cm lang. Gefunden 1896 in 2,5 m Tiefe in einem römischen Brunnen, der nach Art unserer Ziehbrunnen mit Steinen eingefasst war, im Hausgarten des Mich. Köhler am s. ö. Ausgang der Stadt rechts der nach Heidelberg führenden Römerstrasse; vom Verein angekauft. Der Brunnen wurde nach Aussage des Grundbesitzers nicht in seiner ganzen Tiefe ausgegraben. Es ist die bekannte, in den Rheinlanden häufige Darstellung: Ein Reiter zu Pferd in gestrecktem Galopp setzt über einen am Boden liegenden Giganten hinweg. Der letztere liegt auf dem Bauch, sein fleischig gebildeter Oberkörper ist emporgerichtet, wobei die vordern Hufe des Rosses auf seinen Schultern aufsetzen. Sein Unterkörper geht in einen geschuppten Fischschwanz aus, der sich auf- und rückwärts ringelt und am Bauch des Pferdes anliegt. Sein r. Arm ist längs dem Oberkörper ausgestreckt, die r. Hand umfasst die am Boden liegende Keule, der fragmentierte l. Unterarm ist nach rückwärts dem Leib des Pferdes zugewendet, als wollte er den Druck der Last mindern. Die obere Hälfte des fratzenhaft gebildeten Gesichtes ist abgeschlagen. Das Pferd ist am Kopf (Nase) und an den Vorderbeinen

(namentlich dem rechten) verstümmelt. Schweif und Hinterbeine fehlen ganz, die Zügel sind in Stein ausgemeisselt. Es ist ein Hengst mit kurzem, fleischigem Hals und aufrecht stehender, kurz geschorener Mähne, auf dem Kopf trägt er zwischen den Ohren einen aufrecht stehenden Haarschopf. Vom Reiter sind fast nur der Unterleib und die verstümmelten Beine erhalten. Er trug einen Panzerschurz, die l. Hand liegt am Hals des Pferdes an, das Ende des durch die Hand laufenden l. Zügels fällt über den l. Schenkel herab. Die Beine tragen Stiefel bis zur Wadenhöhe, das l. Bein ist vor-, das rechte zurückgenommen, also Linksgalopp. Der r. Fuss ist abgebrochen.

Das Denkmal ist erstmals besprochen und abgebildet bei Stark, Ladenburg und seine röm. Funde, B. J. 44 S. 27, mit Tafel II, b, Fig. 1 a, b, c. Die dort gegebene Deutung als symbolisierte Kaiserdarstellung (*Caracalla*) und ebenso die Wagners (Westd. Z. I S. 36) auf Neptun im Gigantenkampf hat ihre Widerlegung und Richtigstellung gefunden durch die 1884 erfolgte Entdeckung des oben erwähnten Heddernheimer Denkmals, das von einem ähnlichen Reiterbild gekrönt und durch seine Inschrift als Juppiterdenkmal gesichert ist.

Vgl. ausser Stark a. a. O. Wagner a. a. O. S. 36. Hettner, Juppitersäulen, Westd. Z. IV. S. 378. Anm. und 39* oben. Alter Katalog Bc. 38.

27a. Bärtiger Kopf von gleichem Steinmaterial und am gleichen Ort wie No. 27. nach mündlicher Mittheilung Köhlers (1889) in etwa 3 m Entfernung vom Brunnen unter Mauersteinen in etwa 0,60 m Tiefe im Jahre 1887 beim Roden gefunden. Das in reichen Locken herabwallende Haupthaar und der starke Vollbart weist auf Juppiter hin. So hat auch Stark den Kopf gedeutet, aber die Auffassung des Reiters als Kaiserstandbild hat ihn verhindert, die unzweifelhafte Zugehörigkeit des Kopfes zu letzterem, zu dem er auch in seinen Massen und im handwerksmässigen Stile passt, zu erkennen. Durchaus ähnlichen Charakter trägt der Kopf des Reiters der Pforzheimer Gruppe (Wagner, Westd. Z. I Taf. I. 1). Bei allen gleichartigen Denkmälern erscheint der Kopf, wenn überhaupt noch erhalten, unbedeckt, bärtig und von ähnlicher Bildung. Höhe: 12 cm, Breite: 12 cm. An der Nasenspitze und den Haaren wenig beschädigt.

Stark, B. J. 44. S. 27. Tafel IIb, 2. Alter Katalog Bc. 42.

28. Mercurtorso von dunkelbraungrauem mergeligem (*Stark:* Bergsträsser) Sandstein, im Frühjahr 1867 gef. auf dem Grundstück des Landwirts Orth-Neckarhausen im sogen. Buckelgarten unterhalb des „Lustgartens"; vom Verein angekauft. Es fehlt der Kopf mit Hals, der l. Arm vom Ellenbogen, das l. Bein vom Knie ab. Vom r. Arm ist nur der wagrechte Ansatz an der Schulter, vom r. Bein ein Teil des Oberschenkels erhalten. Noch 81 cm Höhe, 32 cm Breite an den Schultern.

Der Gott steht aufrecht, unbekleidet, nur die Chlamys fällt über die l. Schulter und den Arm herab und ist hier etwas zurückgeschlagen; der l. Unterarm war wagrecht nach halblinks vorgestreckt, die l. Hand hielt vermutlich den Stab, die hoch erhobene r. den Beutel. Wie schon Stark bemerkt, ist das r. Bein etwas dicker als das l. und die Brust im Verhältnis zum Unterleib zu kurz gebildet. Die Körperformen und Muskeln sind durchweg etwas flach behandelt, die Rückseite ist nur wenig ausgeführt. Ein dreieckiger Ansatz hinten am r. Bein weist auf eine Stütze (Baumstamm?) hin.

Alter Katalog B., 13. Stark, B. J. 41, S. 28, Tafel II b, 3. Er ergänzt umgekehrt den Beutel für die l., den Stab für die r. Hand. Indess zeigt weitaus die Mehrzahl der Merendarstellungen, sowohl Bronzestatuetten wie Steinreliefs, die oben angenommene Anordnung. Vgl. z. B. Friederichs, Berl. ant. Bw. II (28 gegen 3). Haug (8 gegen 1).

29. Bruchstück einer Gruppe von Grünsandstein, noch 31 cm hoch, gef. 1891 im Garten des Landwirts Lacher im „Lustgarten" nahe bei dessen Hause und 1895 dem Verein geschenkt.

An ein nacktes l. Bein, das von der Mitte des Oberschenkels bis zum Ansatz des Reihens erhalten ist, schmiegt sich eine kleine nackte Gestalt, deren Gesicht, etwas verletzt und abgescheuert, männliche Züge trägt; langes Hauptbaar fällt zu beiden Seiten in Locken, hinten bis auf den Rücken herab; ob Vollbart vorhanden war, lässt sich nicht sicher behaupten. Die stehende Figur hat die l. Hand auf den Kopf der kleinen Gestalt gelegt, den Daumen an deren r., die vier andern Finger über ihrem l. Ohr, um dieselbe niederzudrücken. Die l. Schulter der letztern ist nach vorwärts gewendet, der abwärts ausgestreckte l. Arm ist abgebrochen, während ihre r. Seite (Schulter, Arm und Bein) zwischen dem Bein der grössern Figur und einem dahinterstehenden Felsen verschwindet. Die kleine Gestalt kniet auf dem Boden, unterhalb des Knies setzt sich das Bein nach hinten als Schlange fort, die dann wieder aufwärts gerichtet als bandartiger Streif sich über den Oberschenkel herauflegt; also ein kleiner Gigant, der von einer grössern Gestalt niedergehalten wird. Stark, der den Giganten als solchen nicht erkannte, dachte an eine Gruppe Venus und Priapus, weil das Bein der grössern Gestalt von der Seite betrachtet eine weibliche Bildung zu haben scheint. Bei der Vorderansicht kommt dies jedoch nicht zur Erscheinung, und dass die Gruppe nur auf diese berechnet war, ergibt sich aus der oben erwähnten Thatsache, dass die rückwärtsliegenden Teile nicht ausgearbeitet sind. Reste eines Stiefels, die Hettner am Beine sehen wollte, sind nicht vorhanden. Die Darstellung hat Seitenstücke in dem Viergötterstein des hiesigen Antiquariums (Haug 58), wo die stark überarbeitete Gruppe noch nicht richtig gedeutet ist, und in einer Statue in Rottweil (vgl. Haug bei Hettner, Westd. Z. IV, S. 377 d.). Sie ist mit Hettner als Juppiter mit Gigant zu deuten.

Alter Katalog Bc. 9. Stark, B. J. 41, S. 43, Tafel IIb, 3. Hettner, Westd. Z. IV, S. 377, c und VI. Korr. 159, 2, wo ähnliche Darstellungen in Thonstatuetten aus dem Département Allier besprochen sind, die H. Gaidoz „le dieu gaulois du soleil" in der Revue archéol. IV, S. 8 veröffentlicht hat.

Am Fundort unseres Fragments in Lachers Garten wurde (nach mündlicher Mitteilung von Mich. Köhler) im Winter 1898/89 weiter gegraben; man stiess auf Trassboden mit Thonplattenbelag und Grundmauern (Steinquader), die sich bis zum benachbarten Grundstück von Schmittheim, wo 1886 römische Mauerreste mit Hypokaustenanlage entdeckt wurden, hinzogen. Skulpturen wurden dabei keine gefunden.

30. Bruchstück einer kleinen Säule mit Relieffiguren, gefunden 1868 im Garten von Küfermeister Friedr. Köhler im Gewann Lustgarten rechts der Heidelberger Strasse. Weisse Kalksteinbreccie. Vergl. Abbildung Tafel I, Fig. 2a—b.

Auf einer reich profilierten Basis erhebt sich ein glatter Säulenschaft von 22 cm Höhe und 13 cm Durchmesser, von dem sich zwei nackte Figuren in Hochrelief abheben. Von r. kommt ein ithyphallischer Pan mit gehörntem (vielleicht bärtigem) Haupt, mit Bocksfüssen und Schwänzchen. Er hat den r. Fuss weit vor-, den linken zurückgestellt, den Oberleib vorgebeugt und den l. Arm hart an den Leib gepresst. Der l. Unterarm und das l. Bein überm Knie abgebrochen. Ihm tritt von links Amor entgegen: er stemmt sich gegen Pan Stirne an Stirne in genau entsprechender Stellung, der l. Fuss vor, der r. zurück, der r. Arm ebenfalls zurückgezogen, die Faust auf der Brust liegend. Er hat vollere Körperformen als Pan und ist durch kleine Flügel auf den Schulterblättern gekennzeichnet. Der r. Fuss überm Knie und der r. Unterarm teilweise abgebrochen. Die beiden Gegner kämpfen nach Art der Ziegenböcke, indem sie einander mit den Köpfen stossen, und zwar scheint Pan zu unterliegen, da sein Kopf bereits seitwärts ausweicht, so dass sein Gesicht mehr von vorn sichtbar wird.

Der Wettkampf zwischen Pan und Amor (Eros), d. i. der sinnlichen Triebe gegen edlere Liebe, ist seit der hellenistischen Zeit ein beliebter Vorwurf für die antike Kunst und von dieser frei erfunden, ohne Vorbilder in der poëtischen Litteratur. Die älteste bekannte Darstellung dieser Art scheint ein Vasenbild des dritten Jahrhunderts v. Chr. (Furtwängler 2800) zu bieten, wo eine Nymphe als Zuschauerin zur Seite sitzt. Vgl. Roscher, Mythol. I S. 1369. Der besiegte Pan, von zwei Eroten abgeführt, erscheint auf dem Casali'schen Sarkophag (Visconti, Museo Pio-Clem. V. Tafel 6) und auf einer Wiederholung dieses Sarkophags in Newby Hall (Michaelis, Arch. Z. 31, S. 21). Eine Pan und Eros darstellende Gruppe aus Melos ist im Bulletin des Inst. 1861, S. 45 besprochen.

Nach oben ist die Bildfläche durch einen einfach profilierten 2 cm hohen Wulst abgeschlossen, über dem der Säulenschaft sich fortsetzte und ebenfalls Reliefs trug, jedoch ist nur noch ein 1 bis 4 cm hoher Ansatz erhalten mit spärlichen, stark verwitterten Reliefresten: rechts und links die nackten Füsse einer schreitenden Figur mit bis zum Boden reichender Gewandung, in der Mitte undeutliche Reste, vielleicht Füsse und Leib, eines Tieres.

Das Werk, das trotz seiner Beschädigung eine geübte Künstlerhand und ein gutes Vorbild verrät, war auf die Vorderansicht berechnet; die abgewendete Seite, etwa ein Drittel des Schaftumfangs, ist ohne bildlichen Schmuck. Schon deshalb ist die von Fickler geäusserte, auch sonst wenig ansprechende Vermutung, die Säule könnte als Fuss eines Rundtisches gedient haben, hinfällig.

Fickler, Arch. Z. 26 S. 29.

31. Reliefbild einer Frau von gelbem Neckarsandstein, „wie er bei Wimpfen bricht", gef. 1898 auf dem Grundstück von Mich. Kohler im Gewann Lustgarten in einem römischen Bau mit Hypokaustenanlage und Wasserleitung, zusammen mit Thonscherben (Fickler). Höhe der Figur 21 cm, Gesamthöhe 24 cm, Breite 13 cm.

In einer umrahmten Bildfläche steht eine weibliche Gestalt in doppeltem Gewand; das obere reicht bis zu den Knieen, das untere fast bis zum Knöchel.

Die Hände, auf dem Leib gefaltet, scheinen eine Frucht (Apfel?) zu tragen. Das Relief ist stark abgewittert, namentlich Brust und Füsse. Oberhalb der Kniee geht ein Bruch durch, infolge dessen ein Stück ausgebrochen ist. Der Kopf, die r. Schulter und ein Teil der Umrahmung daneben fehlt. Die Arbeit ist roh. Fickler hat ohne genügenden Grund unser Relief als Muttergottheit (Matrona) gedeutet; es ist vielmehr, ebenso wie das Stettfelder Exemplar oben No. 23, als Darstellung einer heroisierten Toten aufzufassen.

Fickler, Arch. Z. 26, S. 29.

32. **Minervastatuette**, von rotem Sandstein, 33,5 cm hoch, 18 cm breit, gef. 1884 von Landwirt Kaspar Werner „bei den drei Kreuzen" auf dem Grundstück der evang. Collectur, durch Vermittlung von Prof. Steiert dem Verein geschenkt.

Die Göttin trägt die Aegis auf der Brust, hat das Untergewand unter der Brust gegürtet und mittelst dreier Spangen an jedem Arme zu Ärmeln zusammengefasst. Das Obergewand bedeckt den Rücken, die linke Schulter und den Arm; es ist um die r. Hüfte geschlagen und bis zum l. Oberschenkel herübergezogen, wo es von der l. Hand gefasst wird. Zur Rechten der Göttin steht ein kleiner Altar, auf dem die Eule sitzt; an ihrer l. Seite lehnt der länglich runde, mit einem Buckel gezierte Schild. Der Kopf und die r. Hand fehlen; von letzterer rührt ein Ansatz her an der r. Hüfte über der Eule. Die Statuette steht auf einem profilierten Sockel, der zum Einlassen in einen Untersatz bestimmt war. Die Arbeit ist etwas plump, aber nicht schlecht. Ähnliche Darstellungen bei Keller, Vicus Aurelii, Taf. 2.

K. Baumann, Westd. Z. IV, Museogr. 46.

33. **Juppiterstatuette** von Grünsandstein, noch 53 cm hoch, gef. von Landwirt Kaschnge auf einem dem evangel. Schulfonds zu Heidelberg gehörigen Grundstück, links der nach Heidelberg führenden Römerstrasse, und zwar hinter den an diese Strasse selbst anstossenden Äckern. Vergl. Abbildung Tafel 1, 3.

Der Gott steht aufrecht, r. Standbein, das l. vorgestellt. Das Haupt mit starkem Vollbart und mächtigen Locken erinnert an gute Vorbilder; der nackte Leib ist kräftig gebildet. Bauch- und Beckenmuskeln scharf ausgeprägt. Die r. Hand war erhoben und hielt wohl das Scepter, die gesenkte Linke den Blitz oder eine Schale, doch ist der r. Arm von der Schulter an, der l. oberhalb des Ellenbogens abgebrochen. Ebenso fehlen beide Beine von den Knieen ab. Die Rückseite ist ausgearbeitet, die Statuette stand also vermutlich frei, vielleicht auf einer Säule gleich den von Hettner (Westd. Z. IV, S. 370) und von Donner-v. Richter (Heddernh. Ausgr. S. 3 mit Tafel 1. 2) besprochenen beiden Sitzbildern des Gottes, die in Mainz, bezw. in Heddernheim gefunden sind.

K. Baumann, Westd. Z. V, Museogr. 46.

34—38. **Fünf Leugensäulen**, gef. im November 1883 auf dem Grundstück des Weinhändlers Ludw. Dihl am südwestl. Ausgang der Stadt, links der Heidelberger Strasse, vom Verein angekauft. Sie lagen wirr durcheinander in 1,5 bis 2 m Tiefe, zusammen mit grossen Werkstücken aus Sandstein, mit Ziegeln, Thonscherben, Knochen, fünf Kupfermünzen (darunter 1 Trajan und 1 Hadrian) und einer Silbermünze des Trebonianus Gallus, in einem unmittelbar an die Strasse anstossenden römischen Keller (Lageplan mit Grund- und Aufriss im Vereinsarchiv). Die Säulen sind aus rotem oder gelbem Sandstein mit ihren roh zubehauenen, würfelförmigen, etwa 40 cm hohen Sockeln aus einem Stück gearbeitet. Nr. 37 ist noch unversehrt, Nr. 34 fehlt der Sockel, die anderen lagen in zwei bis drei Stücke zerbrochen, noch mit den Bruchflächen beieinander, wurden also erst beim Hinabstürzen in den Keller zertrümmert.

Die Steine sind namentlich merkwürdig durch ihre Beziehung zu den in den Jahren 1877 und 1878 in Heidelberg aufgefundenen, von K. Christ (B. J. 64, S. 10 ff und 64, S. 62 ff) besprochenen Leugensäulen, welche ebenso wie die unsern von der *civitas S. N.* oder *civitas Ulpia S. N.* — die Bedeutung dieser Abkürzung ist nicht festgestellt — gesetzt waren. Abgesehen von der Entfernungsangabe (A · LOP · L · IV = *a Lopoduno leugae quatuor*) stimmen fünf von den acht Heidelberger Steinen — es sind die der Zeit nach spätesten — mit unsern Ladenburger Exemplaren überein. Die Schrift der letzteren ist durchweg sorgfältig gearbeitet und unser No. 35 gut erhalten, bei No. 36 und 38 besonders tief und scharf, die P sind offen.

34. Braunroter Sandstein, der Sockel fehlt, noch 153 cm hoch, oberer Umfang 130 cm, unten 125 cm.

IMP · CAES	Imp(eratori) Caes(ari)
M · ANTONIO	Marco Antonio
GORDIANO	Gordiano
PIO FELICI · AVO (sic!)	pio felici augusto
P · M · TR · P	p(ontifici) m(aximo) tr(ibunicia) p(otestatis)
P · P · C · S · N	p(atri) p(atriae) c(ivitas) S. N.
L · I	Leuga una

Zeile 1 ist MP nur teilweise erhalten, Zeile 2 und 3 die O am Schluss kleiner als die andern Buchstaben, Zeile 4 Schreibfehler AVO statt AVG. Da bei der *tribunicia potestas* keine Zahl angegeben ist, so darf man mit K. Christ das erste Regierungsjahr des Kaisers, d. i. 238, als das Jahr der Steinsetzung annehmen.

Der Stein stand eine Leuga (dieses gallische Mass gleich rund 2220 m oder anderthalb röm. Meilen wird seit etwa 200 n. Chr. bei römischen Wegmessungen in Gallien und Germanien angewendet) von Ladenburg entfernt, wahrscheinlich gegen Heidelberg zu, und wurde nach dem Fundort verschleppt. Da man nicht wohl annehmen kann, dass so grosse, verhältnismässig kostspielige Denkmäler wie diese Leugensäulen bei jeder Leuga Entfernung an den Strassen aufgestellt oder gar bei jedem Regierungswechsel durch neue ersetzt worden seien, so bedarf diese

Steinsetzung so nahe beim Ausgangspunkt der Zählung einer Begründung. Bekannt ist, dass der Umkreis der Stadt Rom innerhalb des ersten Meilensteins in gewissen Fragen der Verwaltung und Rechtssprechung zum Stadtgebiet im engeren Sinn gerechnet wurde, und die bei Livius XXXIV, 1 angeführte Verfügung der lex Oppia *(ne qua mulieriuncto vehiculo in urbe oppidove aut propius inde mille passus nisi sacrorum publicorum causa veheretur)* zeigt, dass Ähnliches auch für Provinzialstädte galt. Vergl. Marqu.-Mommsen I, S. 66. Unser Leugenstein könnte zur Kennzeichnung dieses Verhältnisses gedient haben.

35. Eisenschüssiger Thonsandstein, Höhe mit Sockel 2 m. ohne ihn 162 cm, Umfang oben 150, unten 146 cm, in zwei Stücke zerbrochen.

Die Inschrift ist, da die Säule namentlich auf der Schriftseite stark verwittert und abgeschenert ist, nur in den Anfangsbuchstaben der Zeilen erhalten. Zur Vergleichung ist die Lesung des entsprechenden Heidelberger Exemplars nach K. Christ (B. J. 61, S. 23) und Zangemeister (B. J. 76, S. 220) danebengestellt, wonach unser Stein zu ergänzen ist.

Ladenburg:		Heidelberg:
I M P	Imperatori Caesari	I M P · C A E S · M
M · I V I	Marco Julio	I V L · P H I L I P P O
P H	Philippo pio	P I O · F · A V G · T · P
F · A V	felici augusto tribuniciae potestatis iterum	I I · C O S · E T · M ·
P · I	patri patriae consuli	I V L · P H I L I P P O
E T · M	et Marco Julio	N O B · C A E S ·
P H I L I	Philippo	C · S · N ·
N O B ·	nobilissimo Caesari	L · IIII
C · V ·	civitas Ulpia S. N.	

Zeile 1 ist P nur schwach erhalten, ebenso Z. 2 I V und die Haste von L, Z. 3 der Bogen von P und die zweite Hälfte von H, Z. 4 die Querstriche von F und das V, Z. 5 der Bogen von P, Zeile 6 M, Z 7 der Querstrich von L und das folgende I. Ein schiefer Strich hinter L, in welchem Zangemeister und K. Christ den Anfang eines V sehen wollten, so dass PHILVPPO zu lesen wäre, geht nicht bis zur Zeile herunter und ist nur eine zufällige Beschädigung, deren der Stein so viele hat; Z. 9 ist V ebenfalls nur schwach sichtbar.

Philippus der ältere hat (Wilmanns, Exempla 1014) das Consulat zusammen mit der zweiten tribunicia potestas am 1. Januar 246 angetreten.

Zangemeister machte darauf aufmerksam, dass rechts neben der Inschrift (hinter Z. 1—8) ein senkrechtes Kreuz in 2 cm breiten Strichen roh eingehauen ist, sowie dass Philippus, unter dessen Regierung der tausendjährige Bestand der Stadt Rom gefeiert wurde, für den ersten christlichen Kaiser ausgegeben wurde. Das Kreuz ist also wohl absichtlich, wenn auch von unberufener Hand, eingehauen, dagegen sind die Reste des Bogens von P, die Zangemeister neben dem senkrechten Kreuzarm sehen wollte und auf das altchristliche Monogramm XP deutete, mehr als unsicher.

36. Stark glimmerhaltiger roter Sandstein, 205 cm hoch mit Sockel, 148 cm ohne ihn. Umfang oben 137, unten 132 cm.

I M P · C A E S	I(mperatori) Caes(ari)
C · M E S S I O	(G)aio) Messio
Q V I N T o	Quinto
T R O I A N o sich	Traiano
D E C I O · P · F	Decio p(io) f(elici)
I N V I C T O	invicto
A V G · P · M · T · P · P · P	aug(usto) pontif(ici) m(aximo) t(ribuniciae) p(otestatis) p(atri) p(atriae)
P R O C O S · C · S · N	proco(n)s(uli) c(ivitas) S. N.

Die O am Ende von Zeile 3 und 4 sind kleiner als die übrigen Buchstaben. Der Schreibfehler TROIANO statt TRAIANO findet sich auch auf dem Heidelberger Exemplar und kommt, wie Zangemeister bemerkt, öfter vor.

Da in Bezug auf das erste Jahr der tribunicia potestas des Decius die Inschriften sich widersprechen, so schwankt die Datierung unserer Säule zwischen den Jahren 248 und 249.

37. Gleiches Steinmaterial wie 36, mit Sockel 195 cm hoch, ohne ihn 150 cm. Umfang oben 138, unten 137 cm. Ganz erhalten.

Q · H E R E N N I O	Q(uinto) Herennio
E T R V S C O	Etrusco
M E S S I O · D E C I O	Messio Decio
N O B I L I S S I M O	nobilissimo
C A E S A R I · C · V · S ·	Caesari c(ivitas) Ulpia S. N.
N	

Gehört dem Jahre 249 an; vergl. Wilmanns 1019.

38. Gemeiner Thonsandstein, mit Sockel 195 cm hoch, ohne ihn 141 cm. Umfang über dem Sockel gemessen 97 cm, oben 129 cm. Auf der obern Fläche ein 6 cm tiefes und 6 cm im Quadrat messendes Dübelloch, das nachträglich noch weiter ausgebrochen ist.

I M P P · C A E S S	Imp(eratoribus) Caes(aribus)
P · L I C I N I O	P(ublio) Licinio
V A L E R I A N O	Valeriano
E T · P · L I C I N I O	et P(ublio) Licinio
G A L I E N O	Galieno
P I S · F E L I C I B V S	piis felicibus
A V G G · C · V · S · N	aug(ustis) c(ivitas) U(lpia) S. N.

Zeile 6 ein verlängertes I=ii.
Die Säule ist im J. 253 gesetzt.

Da bei No. 36—38 keine Entfernung angegeben ist, so darf man annehmen, dass sie in *Lopodunum* selber als dem Ausgangspunkt der Zählung aufgestellt waren. Die von Zangemeister versuchte genauere Fixierung ihres Standortes, den er vier Leugen von der Fundstätte der Heidelberger Leugensäulen und demnach 200—300 m südöstlich von Ladenburg gegen Heidelberg zu annimmt, entbehrt eines sichern Anhalts, da jene Heidelberger Exemplare ja auch einige hundert Meter weit verschleppt sein können. Eher liesse sich umgekehrt von Ladenburg aus der ursprüngliche Standort der Heidelberger Steine bestimmen, da durch die bisherigen Ausgrabungen ziemlich sicher erwiesen ist, dass das römische *Lopodunum* sich südöstlich der heutigen Stadt bis zur sogen. kleinen Kanzelbach (d. i. etwa 400 m von der mittelalterlichen Stadtmauer) erstreckt hat, und der Ausgangspunkt der Zählung also dort zu suchen ist. Eine andere Frage ist die, ob diese vier Ladenburger Säulen überhaupt am Stadtausgang als dem Ausgangspunkt der Zählung gestanden haben. Offenbar hat man jeweils bei Aufstellung der neuen Säule die alte nicht beseitigt, sondern stehen gelassen. Damit ist aber eine genaue Wegmessung nicht vereinbar. Unsere Steine dürften vielmehr gleich dem *miliarium aureum* in Rom einen gewissen monumentalen Charakter gehabt und im Innern der Stadt *Lopodunum*, vielleicht auf dem Forum gestanden haben.

W(alleser), Mannh. Journal und Neue bad. Landeszeitg., 27—29. Nov. 1881, Haug, Berl. philol. Wochenschr. 1884, No. 1. K. Baumann, Westd. Z. Korr. III, 4. Am eingehendsten Zangemeister, B. J. 76, S. 219 ff.

Der Vollständigkeit wegen mögen hier noch einige unbedeutendere Funde aus Ladenburg angereiht werden:

39. Bruchstück einer Inschriftplatte von gemeinem rotgeflecktem Thonsandstein. 1873 bei Mich. Köhler hinter dessen Haus gefunden und vom Verein erworben, 12,5 cm hoch, 16 cm breit.

```
    I  O                 Haug ergänzt: J(ovi) o[ptimo maximo]
  E T · I                              et J[unoni]
  I (
```

Zeile 1 ist vor I ein Stück ausgebrochen.
Nach Haug's Notiz im Conceptbuch des Vereins, No. 2421.

40. Bruchstück eines Pferdekopfs von grünlichgelbem, braungeflecktem Thonsandstein, 1880 von Landwirt Kaschuge auf dem „Laufacker" gefunden und vom Verein erworben, 33 cm lang, 22 cm breit (über Lebensgrösse).
In der Mitte des Schädels auf dem Nasenbein läuft ein 4 cm breites Band (Riemen?); das noch wohl erhaltene r. Auge ist gut gebildet, über der Stirne zwischen den Ohren stand ein Haarschopf.
Im Jahresbericht d. Alt. Ver. S. 8 No. 6 irrtümlich als Ochsenkopf bezeichnet.

41. Bruchstück eines umrahmten Reliefs von Sandstein, hochgehobener l. Vorderfuss eines im Schritt nach rechts gehenden Pferdes; 1887 auf dem Grundstück von Sauer, nördl. der Römerstrasse gegenüber von M. Köhler, bei römischen Grundmauerresten gef., 17 cm hoch und 7,5 cm breit, 6 cm dick.
K. Baumann, Westd. Z. Korr. VI, 208.

42. Verzierter Säulenschaft, gef. Mitte der 1800er Jahre im Hausgarten des Landwirts Lacher, dem Verein geschenkt. gemeiner gelber Thonsandstein, 91 cm hoch, 27 cm oberer Durchm.
Die untere Hälfte des Schaftes trägt aufwärts stehende Schuppen, die obere in flachem Relief Rebenranken mit Trauben, die aus doppelhenkeligen, ornamentierten Urnen hervorwachsen. Letztere wiederholen sich viermal, zweimal mit einer daraufsitzenden Taube. Handwerksmässige Arbeit.
Alter Katalog d. Vereinssammlg. Bc, No. 8.

43—45. Bruchstücke von ornamentierten Architekturteilen mit Resten von (antiker?) roter Bemalung, gef. 1868 im Garten von Kütermeister Friedr. Köhler (wie No. 30).

43. Bruchstück vom Kapitäl einer jonischen oder korinthischen Säule (?) mit sog. Eierstabornament, darüber Rosettenband. Braunroter Sandstein mit kleinen scharfkantigen Quarzkrystallen. 19 cm breit, 15 cm hoch, 26 cm dick.

44. Desgleichen mit ähnlichem Ornament, kalkiger Sandstein von gelblichweisser Farbe. 11 cm breit, 12 cm hoch, 9,5 cm tief.

45. Bruchstück einer Console oder eines Compositkapitals, Akanthusblatt zwischen zwei Voluten. Gemeiner rosafarbener Thonsandstein. 28 cm lang. 15 cm breit.
>   Alter Kat. d. Vereinssamnlg. Br. 89. a. b. c.

46. Oberer Teil einer glatten Säule mit etruskischem Kapital von rotem Sandstein. gef. 1873 in einem römischen Keller auf dem Grundstück von Konrad Höfer, nördl. der Römerstrasse (Grundriss im Vereinsarchiv). Gesamthöhe 104 cm.
>   Haug. Concepth. 2007 a.

47. Kapital einer ähnlichen Säule von mergeligem Grünsandstein, gef. wie No. 46. Höhe 29 cm, Dm. noch 68 cm.
>   Haug. Concepth. 2007 b.

48. Tischfuss von sehr feinkörnigem rotem Sandstein. gef. 1873 von Mich. Köhler auf dem „Pfarracker" südl. der Römerstrasse; er ist gedreht und hat die Form einer etruskischen Säule mit stark vortretender Basis auf noch breiterem Klotz; der Schaft ist ziemlich stark angeschwellt, das Kapital schön profiliert, oben ein 3,5 cm hoher Zapfen von 16 cm Durchmesser mit Dübelloch zum Einlassen der Tischplatte = 110 cm hoch.
>   Haug. Concepth. 2006.

49. Viereckige Steinkiste (Aschenkiste) von feinkörnigem rotem Sandstein, 54 cm lang. 42 cm breit, 25 cm hoch, die Höhlung 34 cm lang. 24 cm breit, 15 cm tief, gef. 1863 auf dem Grundstück des Metzgermeisters Eberhard Fries auf den „Burgäckern" und vom Verein angekauft. Sie enthielt verbrannte Knochen; daneben stand ein Thonkrug.

49a. Ein roh behauener, auf der Grundfläche flach ausgehöhlter Quader von gleichem Steinmaterial, 44 cm lang. 43 cm breit und 32 cm hoch, hat als Deckel zu 49 gedient.
>   Alter Katalog d. Vereinssammlg. Bb, 83 a u. b.

50 a—d. Thürgewandung eines röm. Hauses, von rotem Sandstein, gef. 1883 wie die Leugensäulen No. 34—38 im Keller auf dem Dihl'schen Grundstück. a = 190 cm lang. 60 cm breit und 30 cm dick. b = 189 cm lang, 62 cm breit und 21—25 cm dick. c = 183 cm lang. 59 cm breit und 21 cm dick. d (die Unterschwelle) ist 176 cm lang. 62 cm breit und 30 cm dick.

Mannheim.

51. Reliefplatte von sehr reinem, griechischem Marmor. Oben eine 2 cm breite Randleiste, an den drei andern Seiten verstümmelt, noch 34 cm breit, 22 cm hoch, 1,5 cm dick. Sie wurde „im Jahre 1868 bei Herstellung des Neckardurchstichs durch die Bonadies-Insel unterhalb Mannheim durch die Baggermaschine ausgehoben" und durch den leitenden Ingenieur, jetzigen Baudirektor Honsell, dem Verein übergeben. „Vom Eis getragen, kann sie sowohl durch den Rhein (von Altrip) als auch durch den Neckar (von Ladenburg aus) in das Deltagebiet beider Flüsse gelangt sein." *(Honsell.)*

Dargestellt ist eine Jagdscene mit zwei jugendlichen Jägern. Der eine, mit der Chlamys bekleidet, ist nach l. gewendet und streckt seinen Spiess einem gegen ihn ansprengenden Tier (Hirsch?) entgegen; vor ihm ein pantherartiges Tier mit geflecktem Fell, das nach l. läuft. Der andre Jüngling, ganz nackt, nach r. gewendet, hält in der r. Hand einen undeutlichen, länglichen Gegenstand (wahrscheinlich einen Tierschweif), die l. ist abgebrochen; hinter ihm ein nach r. laufendes Tier (Hund?). In Kopfhöhe hinter ihm ein flacher, länglicher Gegenstand, dessen Bedeutung unklar ist. Die Beine sämtlicher Figuren sind unten abgebrochen und verstümmelt.

K. Baumann, Marmorskulpturen. S. 24.

Neckarau (Amt Mannheim).

Im April 1880 wurden bei Anlage eines Gemeindeweges südöstlich des Dorfes in der Flur Kasterfeld an einer „Gihauss" (d. i. Johannis-) Kirchhof- genannten Örtlichkeit die Grundmauerreste eines römischen Baues entdeckt, darin, auf einem Haufen beisammenliegend, unter andern Steinen die folgenden Stücke No. 52 bis 56. Vergl. Grundplan und Skizze der Fundstücke im Vereinsarchiv.

52. Bruchstück einer Inschriftplatte von gemeinem Thonsandstein mit weissen Quarzkrystallen, auf der linken Seite und unten abgebrochen. Die Platte ist 24 cm dick, die Schriftfläche noch 44 cm breit und 34 cm hoch.

Die Höhe der sauber und genau gearbeiteten Buchstaben beträgt in Zeile 1 und 2 = 5 cm, Zeile 3 und 4 = 4,5 cm.

```
 I O · V A L E N       [Tito Vale]rio Valen[ti]
 · ET · C O N S        [decurioni coloniae] N[emetum] et Cons-
 C O N S T I           tantiae, Consti-
 L E R I V S · T ·     [tutae Va]lerius T[iti]
                       [filius ponendum curavit].
```

Zeile 1 ist hinter dem ligierten EN die Ecke abgesplittert, der Raum genügte für ein ligiertes TI. Zeile 2 ist das N sicher. Zeile 4 ist zwischen S und T ein Stück des Steines ausgesprungen, so dass der Punkt nicht sicher festgestellt werden kann, auch der Punkt hinter T ist nicht ganz zweifellos.

Die obige Ergänzung hat Zangemeister, indem er den Charakter der Inschrift als Grabinschrift feststellte, als eine der möglichen beispielsweise vorgeschlagen. G. Christ, der den Stein bei der ersten Besprechung als eine Ehreninschrift für Kaiser Valentinian gedeutet und auf das von Ammian 28, 2, 2 erwähnte *munimentum Valentiniani* bezogen hatte, hat sich später ebenfalls für die Grabinschrift entschieden. Man wird mit Zangemeister anzunehmen haben, dass das fehlende *D(is) M(anibus)* auf dem verloren gegangenen Aufsatz des Steins gestanden hat. Für *d curio coloniae*

Nemetum führt derselbe als Belege Inschriften vom Heiligenberg bei Heidelberg (Haug 14 Bramb. 1704) und von Speier (Bramb. 1796) an. Der Name *Constantius* findet sich in Speier (Bramb. 1798) und in Kastel (Bramb. 1336). *Constantius Restitutus* ebenfalls in Kastel (Bramb. 1304), der Beiname *Constitutus* in Niederbiber (Bramb. 683). Zu *Valerius Valens* citiert K. Christ die Neapler Inschrift Wilm. 1691. Ein *C. Valerius Valentinus* auf einem in England gef. Stempel eines Augenarztes B. J. 55, S. 132.

(G. Christ). Jahresber. und Mannh. Unterh. Bl. 1880, No. 20, abgedr. im Korrespbl. d. Ges. Ver. 1880, S. 45 ff. und in Picks Monatsschr. VI. S. 314 ff. Zangemeister. B. J. 68, S. 37 ff. K. Christ. in Picks Mon. VII. S. 59 ff.

53. Unterteil eines **Votiv-Reliefs** von gleichem Steinmaterial wie No. 52, von 50 cm Breite und noch 33 cm Höhe, am Sockel 27 cm tief.

Über der 13 cm hohen Sockelleiste mit der Inschrift (Buchstabenhöhe 6,5 cm):

I N · H · D · D   In h(onorem) d(omus) d(ivinae),

erscheint das Bild eines Gottes in Hochrelief, aber nur die Füsse bis zur Wade erhalten. Dargestellt war Apollo. r. Standbein, das l. vornübergeschlagen. Hinter ihm ruht ein Greif am Boden, an den Krallenklauen und Flügeln erkennbar; sein Kopf ist abgeschlagen. Zur Linken des Gottes erscheint der untere Teil eines Dreifusses, an dem sich eine Schlange emporringelt. Der Schweif des Greifes liegt neben dem Schlangenende quer über den Sockel hin; ein Gewandzipfel hängt zur Linken des Gottes herab. Zur Formel „in honorem domus divinae" vergl. No. 19 und 22.

Besprochen von G. Christ wie No. 51, genauer Zangemeister. B. J. 68, S. 38.

54. Bruchstück eines **Reliefs** von mergeligem Sandstein, 39,5 cm hoch, 47 cm breit, 25 cm tief. In einer umrahmten Bildfläche erscheint der Oberteil einer männlichen Figur mit der Chlamys bekleidet, die auf der r. Schulter geheftet und quer über die Brust gezogen ist. Sie trägt eine siebenstrahlige Krone auf dem Haupt, zu ihrer Linken sind völlig verstümmelte Reste einer zweiten Gestalt. Rechts und unten ist der Stein abgebrochen. Da die Vertiefung der Bildfläche vom Rande nach innen allmählich zunimmt (von 1 bis zu 7 cm Tiefe), so kann man annehmen, dass rechts mindestens ein Drittel des Reliefs fehlt. Gustav und Karl Christ haben die Figur mit Recht als Sol oder Serapis gedeutet. Was im Übrigen dargestellt war, lässt sich bei der Dürftigkeit der Reste nicht feststellen. Man könnte an Sol auf der Quadriga denken, der auf einem aus der Rheinpfalz stammenden Denkstein des Antiquariums Haug No. 1 zu sehen ist.

Auf der Rückseite ist unser Stein in der Art eines profilierten Gesimses abgearbeitet, wodurch seine spätere Verwendung als Bauglied erwiesen und seine Verschleppung von einem andern Ort — vielleicht vom nahen Altrip — hierher als möglich erscheint.

G. Christ., Jahresber. S. 6.

55. Unterer Teil eines altarähnlichen Steines, mergeliger, kalkhaltiger Sandstein, mit einfach profiliertem Sockel; 43 cm hoch, am Sockel 39 cm breit und 30 cm tief, ohne Inschrift.

56. Bruchstück (Hälfte) vom Schaft einer Schuppensäule, oben ein den Übergang zum Kapitäl bildendes flaches Profil, unten abgebrochen, von mergeligem Sandstein, noch 39 cm hoch, 22 cm oberer Durchm.
Litteratur für No. 55 und 56 wie bei No. 52 ff.

57. Votivstein von gelbem kalkhaltigem Sandstein, 74 cm hoch, 73 cm breit, 65 cm tief. Derselbe wurde ebenso wie No. 58 in der Nähe des Fundorts von No. 52—56 und zwar im Rhein gefunden, gegenüber dem als Römerstation bekannten bayrischen Dorfe Altrip. Beide Steine waren in ein mächtiges Mauerwerk eingefügt, das hart am Ufer im Strom (jetzt Altrhein) lag, im Volksmund Klostermauer genannt. Wann und zu welchem Zweck das Mauerwerk gebaut wurde, liess sich nicht feststellen. K. Christ will (B. J. 73, S. 78) aus seiner Konstruktion schliessen, dass es als Kastellmauer auf dem festen Land gestanden habe und erst infolge von Unterspülung in den Rhein hinabgestürzt sei; näher liegt die Annahme, dass es nach Art einer quer in den Strom gelegten Buhne als Uferschutz gedient hat.

Die bei der jetzigen Aufstellung obere Fläche des Denksteins wird von einem Reliefbild ohne Umrahmung eingenommen. Ein geflügelter kindlicher Genius in Halbprofil nach links gewendet führt mit der r. Hand eine Frucht zum Munde, die l. ist nach abwärts ausgestreckt. Zu seiner Rechten liegt eine umgestürzte bauchige Urne, deren Inhalt sich auf den Boden ergiesst, auf seiner l. Seite zieht sich eine Blumenguirlande von seinem Kopf bis zu den Füssen; daneben steht eine dem Boden zugekehrte brennende oder erlöschende Fackel. Die Arbeit ist etwas derb, aber nicht ungeschickt. Gesicht, Brust und Unterleib sind teilweise abgeschlagen oder beschädigt.

Auf der (vom Fussende des Reliefs aus gesehen) rechten Langseite befindet sich unterhalb eines roh weggemeisselten 16 cm hohen Gesimses eine umrahmte Fläche von 43 cm Höhe und 57 cm Breite einschliesslich der Umrahmung, mit schöngearbeiteter Inschrift, die mit Ausnahme der Zeilenanfänge sehr gut erhalten ist.

RANIA · AFRA	[At]rania Afra
RPETVE · QVIET	[e]rpetu*e quieti
VISV · MONITA	[ex] visu monita
OBSALVT · SVA · ET	ob salute*m sua m) et
SVORVM · POSVT	suorum posuit.

Zeile 2 am Anfang ist der obere Querstrich des E noch vorhanden, Z. 4 nach OB kein Punkt. Zu ex visu vgl. Wilm. 219 und 273 ex viso (*risus nocturnus* bei Livius, *visum nocturnum* bei Ammian). Nach dem praepositionalen Ausdruck *ex visu* ist *monitu* mindestens überflüssig, aber eine andre Ergänzung kaum denkbar. Zu der falschen Verbindung von *ob* mit dem Ablativ vgl. *ob meritis* auf der Mainzer Inschrift Bramb. 1065.

Die infolge eines Traumgesichtes um ihre ewige Ruhe besorgte Afrania Afra hat also sich und ihren Angehörigen zum Frommen den Stein setzen lassen. Die Fassung der Inschrift hat etwas Ungewöhnliches, Ungeschicktes. Abgesehen von den soeben erwähnten Unregelmässigkeiten erscheint auch die Formel *ob salutem suam* überflüssig, nachdem der Zweck der Weihung des Steins durch *perpetuae quieti* genügend bezeichnet ist. Zu letzterem vgl. den Grabstein des hiesigen Antiquariums (Haug 84), der mit *Diis Manibus* beginnend, dem Andenken von drei Toten und zugleich fünf noch lebenden Personen geweiht ist und mit der Formel *perpetuae securitati* schliesst.

Eine weitere Absonderlichkeit bietet nun hiezu das Relief. Schon die Darstellung eines Todesgenius — denn als ein solcher ist das Bild offenbar zu deuten — auf einem Stein, der noch lebenden Personen geweiht ist, hat etwas Auffallendes, noch mehr aber die Art, wie das Reliefbild angeordnet ist. Wenn zur Inschrift gehörig, müsste es senkrecht über ihr oder wenigstens mit Rücksicht auf den Standpunkt des die Inschrift Lesenden so angebracht sein, dass das Fussende des Bildes sich über der Schriftfläche befände. So aber muss man eine zweimalige Verwendung des Steins, zuerst als Votivstein für Afrania, dann, nach Beseitigung des oben erwähnten Gesimses, als Grabdenkmal, wobei die hiezu gehörige Inschrift auf einem zweiten Stein angebracht gewesen sein mag, annehmen.

W(alleser) in den hies. Lokalblättern vom 17. Febr. 1882 ff. O. Christ, Korresp. d. Ges. Ver. 1882, S. 32 und 64 ff. K. Baumann, Westd. Z. Korr. I. 75.

58. Länglicher Quader von gleichem Steinmaterial wie No. 56, 84 cm lang. Auf beiden Schmalseiten erscheint in einem umrahmten Feld von 53 cm Höhe und 55 cm Breite ebendasselbe Relief: eine weitbauchige, doppelhenkelige Vase mit kleinem schmalem Fuss und senkrechten Riefen am Hals und Bauch. Eine ähnliche Darstellung auf einem Coblenzer Relief B. J. 42, Taf. III. 4.

Litteratur wie bei No. 57.

Altrip (bei Ludwigshafen, bayrische Rheinpfalz.)

59. Viergötterstein von gleichem Steinmaterial wie No. 57, gef. anfangs der 1840er Jahre im Garten der Wittwe Hook und „nachdem er längere Zeit als Brunnenstein gedient hatte" (*Harster*), im Herbst 1873 vom Verein erworben. Höhe 56 cm, die Breite der Seite a = 37 cm, b = 35 cm, die von c muss etwa 40 cm, von d etwa 36 cm betragen haben. Oben ein Dollenloch, an der Ecke zwischen c und d eine rechtwinkelige Ausmeisselung zur Verwendung des Steines als Werkstein.

a. Juno, in Ober- und Untergewand; das letztere fällt bis auf die Füsse herab und schlägt sich über dem Reihen um. Sie trägt in der l. Hand ein Weihrauchkästchen und hält die r. ausgestreckt über einem brennenden, candelaberartigen Altar (*turibulum*, Marq.-Momms. VI, S. 162). Das Attribut der r. Hand, wahrscheinlich eine Schale, ist weggebrochen. Zu ihrer Rechten sitzt oben auf einem Pfeiler der Pfau.

b. Mercur, in jugendlicher Bildung, die Chlamys von der r. Schulter zum l. Arm hingezogen, in der l. Hand, die er mitten vor den Leib hält, ruht der Beutel, die gesenkte r. hält den auf dem Boden gestützten Stab.

c. Hercules, von gedrungener Körperbildung, die r. Hand hält die Keule, die auf dem Boden aufsteht, die gesenkte l. hielt vermutlich die Hesperidenäpfel; das nur in schwachen Resten erhaltene Löwenfell hängt über die l. Schulter herab. Der Kopf ist verstümmelt.

d. Minerva, nur der Unterkörper erhalten. Das Untergewand zeigt dasselbe Motiv wie oben bei a. Am l. Arm trug sie den Schild, von dem aber nur das untere Drittel erhalten ist.

<small>Haug, Conecpth. 302. K. Christ. bei Pick VI, S. 321. s. l. Harster, Ausgrabungen, S. 21.</small>

60. Votivtafel an Mars und Nemetona, Platte von gemeinem Thonsandstein, 82 cm hoch, 136 cm breit und 27 cm dick, gef. 1835 im westlichen Teil des Gartens der Wittwe Hook und von da nach dem nahen Hofgut Bruchhaus verbracht, dessen Besitzer Kapp sie dem Verein schenkte.

M A R T I E T N E M E T o	Marti et Nemeto-
N A E	nae
S I L V I N I · I V S T V S	Silvini(i) Justus
E T D V B I T A T V S	et Dubitatus
V · S · L · P	v(otum) s(olventes) l(ubentes) l(aeti) p(osuerunt).

Die Schrift ist ziemlich roh und unregelmässig gearbeitet, die Höhe der Buchstaben in Zeile 1 = 6—7 cm, Zeile 2 = 5 cm, Zeile 3 und 5 = 5,5 cm, Zeile 4 = 6 cm. P ist geschlossen. Den Stein auf Grund des Schriftcharakters um das Jahr 200 anzusetzen, wie K. Christ will, erscheint bedenklich: er dürfte eher später sein.

Nemetona ist als Stammesgöttin der Nemeter aufzufassen, und so haben wir hier eines der seltenen Beispiele, dass einem romanisierten Barbarengau göttliche Personification und Verehrung zuteil wird. Vgl. in den Donauländern die Gottheiten Noreia, Celeia, Bedaius (Haug, Epigraph. Bericht, I, S. 201). Sie kommt, ebenfalls mit Mars zusammengestellt, auf einer zu Bath in England gefundenen Inschrift vor (C. I. L. VII, 36, Revue arch. 1878, S. 103), dagegen allein auf einer bronzenen Votivtafel zu Kl. Winternheim bei Mainz (Keller II Nachtr. No. 82a).

Dass sie durch ihre Zusammenstellung mit Mars geradezu als Kriegsgottin charakterisiert werden soll, wie Jäger, Lersch u. a. wollen, ist damit noch nicht erwiesen. Bemerkenswert ist, dass unsere Inschrift im Gebiet der Nemeter selber, die von Kl. Winternheim im nahen Vangionengau gefunden und die in England entdeckte von einem Angehörigen des den Nemetern ebenfalls benachbarten Treverergaues geweiht ist.

Die Inschrift ist von einem 13 cm breiten, nur wenig vortretenden flachen Rahmen umgeben, der oben, rechts und links mit einem schlichten Ornament (Wellenlinien und Kreise, oben in der Mitte eine Rosette) verziert ist. Die Buchstaben sowie die Ornamentlinien sind mit schwarzer Farbe ausgemalt. Aus dem Vorhandensein von zwei Dollenlöchern auf der oberen Fläche des Steins schliesst K. Christ wohl mit Recht, dass er als Basis für eine die beiden Gottheiten darstellende Reliefplatte gedient haben könnte.

R. Jäger, I. Jahresb. S. 42. Steiner, cod. inscr. 787. Becker, B. J. 15, S. 97. de Wal myth. S. 326. Hefner, das röm. Bayern 85. Orelli, inscr. lat. 5004. Bramb. 1790. K. Christ, Pick V, S. 343. Harster, Ausgrab. S. 21.

Maudach (bei Ludwigshafen, bayr. Rheinpfalz).

61 und 61a. Zwei aufeinander passende Bruchstücke zu einem mit Relief geschmückten Pfeiler gehörig, angeblich zu Maudach gefunden, 1878 vom Verein erworben, von feinkörnigem gelblichem Grünsandstein. 36 cm im Quadrat; beide Stücke zusammen noch 30 cm hoch.

Auf der Vorderseite ein kelchartiger Behälter, auf dem eine Frucht (Pinienzapfen?) liegt zwischen zwei Birnen, unten Reste von Akanthusranken. Auf der r. Nebenseite sind Rebenranken mit Traube, ähnlich wie auf Nro. 42. Die beiden andern Seiten sind nur roh behauen.

Maudach hat nach Mehlis, archäol. Karte d. Pfalz, sonst ausser Münzen keine röm. Funde geliefert.

Iggelheim (bei Speyer).

62. Viergötterstein, von gemeinem Thonsandstein, „ungefähr 1839 in der Nähe von Iggelheim in einer brunnenartigen Vertiefung" (Hefner), (nach Heintz: neben einem verschütteten Feldbrunnen im Acker Plan-No. 9416) zusammen mit No. 62a, 63 und 63a und wahrscheinlich auch No. 64 gefunden; dann an einem Magazin des Fabrikanten Sieber als Eckstein eingemauert (Jaeger und Heintz) und im Herbst 1873 vom Verein angekauft. 96 cm hoch. Seite a=60 cm, b=52 cm, c=61 cm, d=52 cm breit.

Die Reliefs stehen in einer umrahmten Bildfläche, die oben eine halbkreisförmige Ausbuchtung hat, um den Kopf der Figuren aufzunehmen. Die Zwickelflächen zu beiden Seiten dieser Halbkreisnischen tragen je eine Rosette in flachem, teilweise verwaschenem Relief. Vgl. die Abbildung Tafel II.

a. Juno in langem Doppelgewand, den Schleier über den Kopf gezogen, l. Standbein, die r. Hand im Bausch des Gewandes, die l. hält das Scepter; zu ihrer

Linken sitzt unten der Pfau, ein daneben befindlicher Ansatz gehört zu dem teilweise weggebrochenen Scepter, ein anderer Ansatz oben rechts ist seiner Bedeutung nach unklar.

 b. **Mars**, nackt, von kräftiger Muskelbildung, ganz in Vorderansicht dargestellt, trägt auf dem Haupt den Helm mit hohem Bügel, die erhobene r. Hand fasst den Speer unterhalb der Spitze, die gesenkte l. hält den auf dem Boden aufstehenden Schild, dessen Innenseite dem Beschauer zugekehrt ist. An der l. Hüfte das Schwert — Reste des Tragbands sind nicht zu sehen. Ueber die l. Schulter ist ein Zipfel des Gewandes gelegt, das hinten tiefer herabhängt und auch einen Teil des Schildes verdeckt. Oben zur Linken des Gottes sitzt auf einer Console ein Vogel nach rechts, vom Gotte abgewendet, den man für einen Adler (Hettner) oder für eine streitende Gans mit ausgebreiteten Flügeln halten kann.

 c. **Vulkan**, in Vorderansicht dargestellt, aber stark abgeschnuert und verwittert, in Tunica und spitzer Mütze, mit Stiefeln bekleidet; die r. Hand vor der Brust hält den (kleinen) Hammer, die gesenkte l. die Zange, deren Spitze auf dem Ambos aufsteht. Auch die Umrahmung ist hier besonders stark abgewittert.

 d. **Victoria**, geflügelt, nach halblinks gewendet, mit nacktem Oberkörper; das faltige Gewand um die Beine geschlungen, r. Standbein, das l. steht auf der Kugel. Die l. Hand hält den auf ein Ruder gestützten Schild, auf welchen die r. mit einem Griffel schreibt. Das Haupthaar ist zu einem Knoten (Krobylos) geschlungen.

 Der Adler kommt nach Hettner (Westd. Z. IV S. 367, 3) bei Mars sonst nicht vor. Allerdings erinnert der hier dargestellte Vogel mit seinen aufgerichteten Flügeln an einen Adler und zwar Legionsadler, wie er z. B. auf dem bekannten Mainzer Tiberiusschwert erscheint, indes spricht der lange Hals eher für eine Gans, die (vgl. Möller, Westd. Z. V, S. 321 ff und Haug, ebd. IX, S. 41) bei Mars häufig ist.

 62a. Der **Aufsatz** ist zwar aus anderem Steinmaterial — rötlich-gelber, eisenoxydhaltiger Thonsandstein —, auch stimmen die Masse nicht genau überein, aber trotzdem ist nach dem Gesamtcharakter beider Denkmäler und nach den Fundumständen an der Zusammengehörigkeit nicht zu zweifeln. Er ist 37 cm hoch und hat oben ein stark vortretendes, ringsum laufendes Gesimse. Unter dem Gesimse gemessen ist Seite a = 58 cm, b = 55 cm, c = 58 cm, d = 53 cm breit Drei Seitenflächen sind glatt behauen, die vierte (a) ist von einer 2 cm breiten und um 1,5 cm vorspringenden Leiste umrahmt. Ihre Mitte ist durch ein kreisrundes Inschriftschild eingenommen, das von einem Kranz umrahmt und zu beiden Seiten von geflügelten Victorien gehalten wird. Letztere sind in Vorderansicht dargestellt mit hochgeschürztem Gewand und tragen in der freibleibenden Hand einen Palmzweig. Das Haupthaar ist in einem Knoten (Krobylos) geschlungen. Auf dem Gesimse über diesem Relief in 3,2 cm hohen Buchstaben die Inschrift:

   I V N O N I R E G, davor ist noch Raum für I · O · M · E T ·

also: J(ovi) o(ptimo) m(aximo) et Junoni reg(inae)!

Auf dem Inschriftschild:

```
PROCL        Proc(l ii)
POLLIOE      Pollio et
FVSCVS       Fuscus
V S·L·L M    v(otum) s(olverunt) l(ubentes) l(aeti) m(erito)
```

Buchstabenhöhe Zeile 1—3 = 2,5 cm, Zeile 4 = 2,2 cm. Zeile 2 hinter Pollio, Zeile 4 hinter V und dem zweiten L fehlen die Punkte; die Schrift ist leidlich gut ausgeführt, die P sind geschlossen.

Der Aufsatz war durch keinerlei Vorrichtung (Dübel) auf dem Altar befestigt, die Oberfläche des Altars ist glatt, ohne Dübelloch. Die untere Fläche des Aufsatzes hat in der Mitte einen 13 cm langen, 2 cm breiten, 4,5 cm tiefen Schlitz, um den Stein mit der Zange zu fassen. Die Vermutung, die ein hiesiger Architekt, Herr W. Manchot, ausgesprochen hat, dass zwischen Altar und Aufsatz als Zwischenglied noch eine profilierte Platte eingesetzt war, hat alle Wahrscheinlichkeit für sich. Auf der obern Fläche des Aufsatzes befindet sich ein nur wenig erhabenes, kreisrundes Lager von 62 cm Dm., und aussen an der Peripherie des Kreises, zeigen sich, diagonal gestellt, zwei kleine Dübellöcher. Offenbar sass auf unserm Viergötterstein ein cylindrisches Bauglied, vielleicht ein Wochengötterstein wie oben No. 16, und auf diesem wieder die Säule, die das Juppiterbild trug.

Haug im Conceptbuch des M. A. V. No. 2000 u. 2001. Jaeger, I. Jahresber, S. 44 mit mangelhaften Abbildungen Tafel V, 1, 2 und 3. Steiner, cod. inscr. 750. Hefner, d. röm. Bayern. 81. *(Hemta)* Bayr. Pfalz. S. 108. Bramb. 1735. Haug, B. J. 55/56, S. 167. Hettner, Juppitersäulen. Westd. Z. IV, S. 367, 3.

63 und 63a. Trommeln einer Schuppensäule von gemeinem, grobkörnigem, mit braunen Adern durchzogenem Thonsandstein, die erstere von 53 cm Durchmesser und 41 cm Höhe, die andere von 52 cm Durchm. und 44 cm Höhe.

Ihre Zugehörigkeit zu No. 62 und 62a ist nach Fundort und Massen als sicher anzunehmen. Auch das oben S. 13 erwähnte Heddernheimer Juppiterdenkmal hat eine geschuppte Säule.

Haug, Concepth. des M. A. V. No. 2002 u. 2003.

64. Unterteil einer Säule mit glattem Schaft und etruskischer Basis, von gelbem, grobkörnigem Sandstein, mit der Basis noch 76 cm hoch. Der Umfang des Schaftes, über der Basis gemessen, beträgt 162 cm.

Das Stück ist höchstwahrscheinlich identisch mit der von Haug im Conceptbuch des Altertums-Vereins Nro. 2006 verzeichneten Säulenbasis aus Iggelheim. Dagegen kann es wohl nicht demselben Denkmal angehören wie No. 63 und 63a.

Nierstein (Rheinhessen).

65. Oberer Teil eines Votivreliefs an Mercur von bräunlichgrauem, feinkörnigem Sandstein, gef. im v. Herding'schen Gut daselbst und 1863 durch Vermittlung des Sekretärs Schwind dem Verein geschenkt; 42 cm breit, noch 50 cm hoch.

In einem umrahmten, stark vertieften Feld, das oben eine halbkreisförmige Ausbuchtung hat, um den Kopf des Bildes aufzunehmen, erscheint Mercur in Vorderansicht, das beflügelte Haupt ein wenig nach r. gewendet, die Chlamys über der l. Schulter; der aufwärts gerichtete Schlangenstab ruht im gesenkten l. Arm, die gesenkte r. Hand hielt wohl den Beutel. Der untere Teil des Reliefs von der Mitte des Leibes an nebst den Händen ist abgebrochen, der Kopf (linke Wange und Ohr) ist abgescheuert; das Übrige ist gut erhalten und verrät eine geschickte Hand.

Die Umrahmung des Reliefs ist oben an der schmalen Stelle über dem Haupt des Gottes und auch an beiden Ecken beschädigt. Von der dort angebrachten Inschrift ist erhalten:

```
  S · H · D D        I O · I      In h(onorem) d(omus) d(ivinae) [Mercur[io ] (?)
A C V M  —  —  —  S I G N·        a(edem) cum signo
E
D
E
M
```

Zeile I ist von I N nur ein schwacher Rest erhalten, hinter dem zweiten D wollte K. Christ die erste Haste eines M sehen; die Spur ist jedoch unsicher und zu nahe bei D. Auf dem ausgebrochenen Stück bleibt immer noch Raum genug für die fehlenden Buchstaben MERCVR; hinter dem O der ersten Zeile folgt ein Punkt und dann Spuren eines I, das nicht zu erklären ist. Zeile II ist VM ligiert, S nur schwach erhalten, in N ein kleines o eingeschrieben. Zwischen C V M und S I G N O greift die Nische in die Inschriftzeile herein, so dass der Steinmetz sich genötigt sah A E D E M auf die seitliche Umrahmung senkrecht zur übrigen Inschrift zu setzen, während der Name des Weihenden mit der üblichen Formel wohl auf dem verlorengegangenen untern Teil der Platte stand.

Alter Katal. Nr. 10. Haug. B. J. 5556, S. 105. K. Christ, bei Pick VII. S. 20.

Mainz.

66. Bruchstück einer Inschriftplatte von kalkigem Muschelsandstein, am Dimesser Ort, unterhalb Mainz, gef. und aus dem Besitz Jehrings angekauft; noch 27 cm hoch, 29 cm breit.

```
P O B       Zeile 1 ist P = 7.5 cm, O = 6 cm, B = 6,5 cm, Zeile 2
 D A I      DA = 3,8 cm hoch. Zeile 3 mögen die Buchstaben etwa 5,5 cm
P P C       Höhe gehabt haben. Die P sind offen.
```

Über der Inschrift erscheinen in flachem Relief die Hinterfüsse eines nach rechts sprengenden Pferdes; demnach haben wir hier wohl das Bruchstück eines Grabsteins, aber die Inschriftreste bieten zu wenig Anhalt für eine Ergänzung.

Klein M. Z. II. 306, 180 A. L. Steiner 3628. Bramb 1113.

67. Bruchstück eines Reliefs von Kalkbreccie, 1859 in Mainz gefunden, aus dem Besitz von Jehring angekauft, noch 18 cm hoch und 17 cm breit.
Es ist der untere Teil eines weiblichen Torsos, wahrscheinlich einer Venus; die Beine waren in ein Gewand gehüllt.

Unbekannten Fundorts:

68. Zwei Bruchstücke einer 7,5 cm dicken Reliefplatte von braunrotem, sehr feinkörnigem Sandstein. Der obere Teil, 16 cm breit und noch 8,5 cm hoch, nach oben im Halbrund abschliessend, stellt in der stark (um 3 cm) vertieften Bildfläche eine Minerva dar, von der nur noch der Kopf — im Umriss — erhalten ist; er ist nach rechts gewendet, der Helm ist mit Kamm und Busch geschmückt; daneben erscheint die erhobene r. Hand, die den Speer hält. Das andere Stück, noch 19 cm hoch, 17 cm breit, enthält das untere Ende des Reliefs mit dem nackten l. Fuss der Göttin. Zu Füssen des Reliefs eine 8,5 cm hohe, glatte, inschriftlose Fläche. Die Gesamthöhe der Platte mag etwa 40 cm betragen haben. Das Stück stammt wahrscheinlich von Ladenburg; das Steinmaterial ist das gleiche wie bei No. 48.

69. Oberer Teil eines Reliefs von eisenschüssigem Thonsandstein mit weissen Glimmerschuppen, noch 9,5 cm hoch, 15 cm breit.
In einer stark vertieften, umrahmten Bildfläche erscheint ein Helm mit hohem Bügel, vielleicht von einem Mars- oder Minervabild.

Architekturteile:

70. Bruchstück einer profilierten runden Platte von gemeinem Thonsandstein (wie No. 41), mit drei schwachen Hohlkehlen, 10,5 cm dick, grösster Durchmesser noch 42 cm. Auf der obern Fläche ist ein um 1,8 cm vertieftes Lager mit dem Spitzhammer rauh herausgearbeitet.

71. Bruchstück einer roh behauenen Sandsteinplatte von 19 cm Dicke, noch 40 cm Länge und 36 cm Breite. Auf der obern Fläche ist ein rechteckiges, 8 cm langes, 6 cm breites und 5 cm tiefes Zapfen- oder Dübelloch ausgehauen.

72. Kleiner, vierseitiger Sandsteinpfeiler, 46 cm hoch, nach der Mitte zu sich verjüngend, oben und unten mit einer Grundfläche von 18 × 21 cm. Er stammt wahrscheinlich aus Ladenburg und zwar aus einer Heizanlage (Hypokaustum), wo er als Träger für die Bodenplatten gedient hat. Ähnlich bei Naher, röm. Bauanlagen, B. J. 79, Taf. II. Fig. 6.

Inschriften auf Kleinaltertümern.

Die in Klammern beigefügten Buchstaben mit Numern beziehen sich auf das Inventar-verzeichnis der beiden Sammlungen; und zwar gehören die mit grossem und kleinem Buchstaben bezeichneten Stücke, z. B. (Da 53), dem Grossh. Hofantiquarium, die mit nur einem Buchstaben, z. B. (B 110), dem Mannheimer Altertums-Verein an. Wo kein Fundort angegeben, ist derselbe unbekannt. Buchstaben, die fast ganz erhalten und zweifellos sind, erscheinen ganz ausgedruckt. Zgl. = Ziegel. Hzgl. = Hohlziegel. Br. = Bruchstück.

Stempel auf Ziegelsteinen.
a. Militärische.
I. Legion.

73. L E G I M Hzgl. (Da 53), Leg(io) I M(inervia), vgl. Bramb. 511a, 3a.
74. L E G · Y M Zgl. (Da 65), vgl. Bramb. 165a.
75. ꟼM A M I Ɔ Ǝ Ⅎ Hzgl. Br. (Da 1 u. ähnlich Da 3), Leg(io) I M(inervia) Ant(oniniana).
76. N A M I Ɔ Ǝ Ⅎ Hzgl. Br. (Da 2).
77. ⵏIᖴ ꟼ · A · M I · Ǝ ⅃ A Hzgl. Br. (Da 4), Le(gio) I M(inervia) A(n)toniniana) p(ia) f(idelis).

78. [circular stamp: LEG·I·M / P·F / ANTON] Hzgl. Br. (Da 5), Leg(io) I M(inervia) p(ia) f(idelis) Anton(iniana). vgl. Bramb. 128a, 11.

79. [circular stamp: LEG·I·M / q / ANTON] Hzgl. Br. (Da 6).

80. OTNAMIƆƎ⃞⃞⃞⃞ Zgl. (Da 7).
81. I Ɔ Ǝ ⅃ dahinter undeutliche Zeichen, Hzgl. (Da 52).
82. G I M P F · P F F Zgl. Br. (D. 23), aus dem Besitz von Jehring in Mainz, wahrscheinlich derselbe Stempel wie Bramb. 223a, 2. [L.e]g(io) I M(inervia) p(ia) f(idelis). Die Bedeutung der drei letzten Buchstaben PFF (?) ist unsicher; Brambach vermutet darin entweder eine fehlerhafte Wiederholung von PF oder eine Bezeichnung der Ziegelbrenner.

IV. Legion.
83. L E G IIII M (im Kreis) Zgl. Br. (Da 9), Leg(io) IV M(acedonica).
84. IIII M A C (im Kreis) Zgl. Br. (Da 8).

VIII. Legion.
85. L E G VIII AVG Zgl. (B 110), Leg(io) VIII Aug(usta).

X. Legion.
86. O L · X · G O (Zgl. Br. (Da 11), L(egio) X g(emina).
87. L E G X G (im Kreis) Zgl. Br. (Da 12).
88. (L · X G·Ꝟ ·· Zgl. Br. (Da 54), L(egio) X g(emina) p(ia) f(idelis).
89. ꞀꞀ Ꝋ X I (im Kreis) Zgl. Br. (Da 57), das Ende abgebrochen.

XIV. Legion.
90. L E G · X IIII Zgl. (A 9) und
91. L E G · X IIII Zgl. (A 11), Leg(io) XIV, gefunden *unterhalb Neuenheim, (bei Heidelberg)*, vgl. K. Christ, Verhandl. d. Heidelberger Philologentags 1865, S. 216.
92. L X IIII G Zgl. Br. (Da 13), L(egio) XIV g(emina).
93. IIII G M Zgl. Br. (Da 14), [L(egio)] X[IV g(emina) M·artia).

XV. Legion.
94. L E G XV Zgl. Br. (Da 15).

XXI. Legion.
95. L I G X A I R Zgl. (A 10), Fundort *Neuenheim* wie oben No. 91 Leg(io) XXI r(apax).
96. G X X I h Zgl. Br. (B 116), *aus Nidda*.

XXII. Legion.
97. L E G · X X II P P Zgl. (B 112. 113. 119), Leg(io) XXII pr(imigenia) oder p(rimigenia) p(ia).
98. L E G XXII P R mit einem wagrechten Strich quer durch die Mitte der Buchstaben, Zgl. B 115 u. 124) und Zgl. Br. (A 33), *Neuenheim 1864*.
99. L E G · XXII · P · P Zgl. (A 38), aus dem Wohngebäude beim Römerkastell zu *Schlossau im Odenwald (Amt Buchen)*.
100. L E G XXII P P Zgl. (A 40), *ebendaher*.
101. L E G XXII mit Querstrich wie 98. Zgl. (B 121), das Ende abgebrochen.
102. L E G · XXII · P R · P · F Zgl. (B 111), Leg(io) XXII pr(imigenia) p(ia) f(idelis).
103. E G XXII · P R · P · F ähnlich wie 102. Zgl. Br. Da 16, vorn beschädigt.
104. XXII P R P F Zgl. Br. (Da 17), vorn beschädigt.
105. L E G XXII P Zgl. Br. E 31), gef. *auf Lschers Acker, Ladenburg*.
106. XII P R P I Zgl. Br. (Da 20), vorn und hinten beschädigt.
107. R P F Zgl. Br. (Da 19), in schönen, grossen, 4,3 cm hohen Buchstaben.
108. L E G von einem Kreis eingeschlossen) Zgl Br. (Da 18), Leg(io) XXII   XXII pr(imigenia) p(ia) f(idelis). P R P

— 40 —

109.   F I D   (rückwärts) Zgl. Br. (B 117), sechsähnlicher Stempel,
       L E G XXII P R P   aus *Nidda*.

110.   L E G XXII   (in einem Kreis mit zwei Ausschnitten) Zgl. Br.
       P R [P] F   (B 118), Leg(io) XXII pr(imigenia) pi(a) f(idelis),
                              aus *Nidda*.

111.   L E G XXII P P F Falzzgl. (D 56), von einem Soldatengrab zu
Mainz, vgl. Fickler, Arch. Z. 1868, S. 29.

112.   L   G · XXII P P F (schwach ausgeprägt) Zgl. (B 146).

113.   L E G · XXII · P · P · F Zgl. (A 12), aus *Neuenheim*. vgl. oben Nr. 91.

114.   L E G · X X   Zgl. (A 34 und ähnlich 38), *Schlossau*. Ob die
       I I P · P [E F   Buchstaben der zweiten Zeile den Namen des Ziegel-
brenners enthalten, wie K. Christ vermutet, erscheint fraglich. Vielleicht ist zu lesen
Leg(ionis) XXII p(rimigeniae) pi(a)e f(idelis). Vgl. K. Christ, a. a. O. S. 112, Nr. 9.

115.   L E G XXII P · P F Zgl. (A 42), *Schlossau*. Die Lesung und Deu-
       C   V   V I F   tung der zweiten Zeile ist unsicher. Vgl. K. Christ,
a. a. O. S. 111, Nr. 4.

116.   L E G XXII PR P F Zgl. (A 13), Leg(io) XXII pr(imigenia) p(ia) f(idelis)
       C A E S E C V Nb F   Cae(cilius) Secund(us) f(ecit).
Neuenheim, wie Nr. 91.

117.   L E G XXII P P F Zgl. (A 58), *Schlossau*. Wir ergänzen die zweite
       E S E C V N F   Zeile nach No. 116 = [Ca]e(cilius) Secun(dus) f(ecit).
K. Christ, a. a. O. S. 109, liest C. C. Secundus.

118.   L E G XXII P · P · F Zgl. (A 35). Leg(io) XXII p(rimigenia) p(ia) f(idelis)
       L CA · SEV F   L(ucius) Cae(cilius) Sev(erus) f(ecit).
Schlossau, vgl. K. Christ, B. J. 49, S. 110, Nr. 3. Hinter CA ist der mittlere
Querstrich von E sichtbar.

119.   L E G XXII P · P F Zgl. (A 36 u. 37), Legio XXII p(rimigenia) p(ia)
       I V L F E L   f(idelis)
                                             Jul(ius) Fel(ix).
Am Anfang und am Ende der 2. Zeile Ornamentlinien, die unleserliche Buchstaben.
Schlossau, vgl. K. Christ, a. a. O. Nr. 6.

120.   L E G · XXII · P · P · F Zgl. (A 57), *Schlossau*; wahrscheinlich identisch
       I V L · SATVRNNS   mit dem von K. Christ a. a. O. S 111, No. 5
angeführten Stempel IVL · SAEVIO. Wir lesen
die zweite Zeile Jul(ius) Saturninus. Den Stempel Saturninus liest man auch auf
einem in Mainz gef. Ziegel der XXII. Legion (Becker 123).

121.   L E G XXII P P F Zgl. (A 14 u. 15). Leg(io) XXII p(rimigenia) p(ia),
       L V A L P R I M V   f(idelis),
                              L(ucius) Val(erius) Primu[s f(ecit)].
Neuenheim, wie Nr. 91.

122. LEG X   P, ·NI·PA· Zgl. (A 41), im Kreis, in dessen Mitte eine Rosette. *Schlossau*, vgl. K. Christ, a. a. O. S. 112, 8. Die Lesung und Deutung des Namens ist unsicher.

123. XXII·P·P·F (B 114). Bruchstück eines Ziegels mit kreuzweise gestelltem Stempel, wahrscheinlich = Bramb. 1303, c, 4: Sempronius Frontinus. Aus *Nidda*.

124. LEG·XXII·P·P·F   Zgl. (B 120). *Nidda*, Leg(io) XXII p(rimigenia)
     IVL·PRIMVS·F   p(ia) f(idelis)
                         Jul(ius) Primus f(ecit).

Der Stempel ist dreimal auf der Platte abgedrückt. Dieser Name findet sich auf den Ziegeln der XXII Legion am häufigsten.

125. H·PRPIDO Zgl. Br. (Da 21), vgl. Bramb. 140, d. 4.

XXX Legion.

126. LEG XXX Hzgl. (Da 28 u. 29), grösser: Hzgl. Br. (Da 27), ähnlich: Flzzgl. (Da 25). (Da 26).

127. XXX·OE·I Flzzgl. (Da 24), Zgl. Br. (Da 22).

128. XXX·OE·I Flzzgl. (Da 23).

II Cyrenaeische Cohorte.

129. COHIICYR (rückw.) Zgl. (A 17 u. 19). *Neuenheim*, vergl. K. Christ, bei Pick VI. S. 253.

XXIV Cohorte römischer Bürger.

130. COH XXIIII Zgl. (A 16, 18, 20, 21, 26, 29 u. 30), Zgl. Br. (Da 30), COH X Zgl. Br. (A 27 und 32), H XXIIII Zgl. Br. (A 31), XIIII Zgl. Br. (A 22 u. 23), H Zgl. Br. (A 28), sämtlich aus *Neuenheim*, vgl. K. Christ wie oben No. 91. Ferner: H XXIIII Zgl. Br. (Da 31), war nach Graff (S. 48, No. 20) bezeichnet „*Heddernheim ad Niddam 1778*." Im ganzen sechs verschiedene Stempel.

Exercitus Germaniae inferioris.

131. EX GER IN (rückw.) Hzgl. (Da 34).

132. EX GER I (rückw.) Hzgl. Br. (Da 38).

133. EX GER INF vertieft, Falzzgl. (Da 49), bezeichnet: „*Neomagi (d. i. Nymwegen) 1760*." ähnl. Zgl. Br. (Da 43), (Da 45), (Da 47), Falzzgl. Br. (Da 44) und Kreisstempel Falzzgl. Br. (Da 41).

134. EX GER INF vertieft, Hzgl. Br. (Da 37).

— 42 —

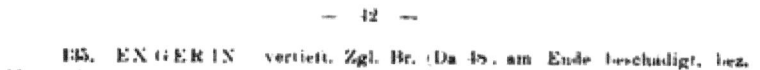

135. EX GER IN vertieft. Zgl. Br. (Da 48), am Ende beschädigt, bez. „*Neomagi 1760.*"

136. X·GER·I Zgl. Br. (Da 51), Anfang und Ende abgebrochen.

137. GHR·INFR (rückw.) Zgl. Br. (Da 46); ähnl. Zgl. Br. (Da 36), GHR·INF Hzgl. Br. (Da 40) und (am Anfang beschädigt) Zgl. Br. (Da 42), (Da 50); ferner ähnlich: Hzgl. Br. (Da 33), (Da 35).

138. EXS G·INF (rückw.) Hzgl. Br. (Da 39), exs(ercitus) (sic!) G(er-manine) inf(erioris).

Vexillatio exercitus superioris.

139. VEXEXS Zgl. Br. (Da 32), Vex(illatio) ex(ercitus) s(uperioris).

Unbestimmbaren Truppenteilen angehörig:

140. LEG Zgl. Br. (Da 58), (rückw.) Zgl. Br. (Da 59), ferner desgl. aus *Neuenheim* (A 25).

141. LEX Zgl. Br. (E 32, *Ladenburg*.

142. CO Zgl. Br. (A 24), *Neuenheim*.

b. Nichtmilitärische Ziegelstempel:

143. Grosse Ziegelplatte mit unvollständig ausgedrücktem Stempel:
AI·IAT·IOE (dahinter noch Raum für etwa 6 Buchstaben. Da 56). Adintice, vgl. *Adintex* und *Adintex* im B. J. 16, S. 70 und. *Adute* x bei Schuermans, No. 67.

144. Quadratischer Ziegel mit Kreis-Stempel (Ca 2):

EX PRÆD FAVSTINÆS·AVG OP   Ex praed(iis) Faustinaes (sic!) Aug(ustae) op(us)
DOL·EX FIG·DOMIT   dol(iare) ex fig(linis) Domit(ianis)
in der Mitte M A   ma-
des Kreises: I O R   ior(ibus).

Zeile 2 ist der Punkt hinter G unsicher. Zu der griechischen Endung des Genetivs auf *aes* = *ης* vgl. den Ziegelstempel *Lepidus et Agrippinaes* bei Marqu.-Mommsen VII, S. 636, Anm. 17. Sie kommt seit Sulla's Zeit bis in die späteste Kaiserzeit, namentlich bei Frauennamen, vor. (*Kübner*, lat. Gramm. I, S. 257, 3.)

Der Ziegel stammt ebenso wie die beiden folgenden aus Italien. In der Kaiserzeit wird die Fabrikation von grober Thonwaare — *opus doliare* in grossem Stil von Kapitalisten betrieben; „die Kaiser selbst, die Mitglieder der kaiserlichen Familie, insbesondere die weiblichen Mitglieder, setzen sich in Besitz der früher von Gewerbsleuten angelegten Öfen, deren Namen noch ihren Ursprung nachweisen. Frauen des kaiserlichen Hauses bezogen mehrfach einen Teil ihrer Einkünfte aus diesen Ziegeleien. „Die *figlinae Domitianae*, deren Ziegel in Rom gebraucht worden sind, scheinen angelegt worden zu sein von dem Redner C. Domitius Afer, welcher 59 n. Chr. starb; sie kamen später nebst vier andern grossen Ziegelöfen durch Erbschaft an Lucilla, die Mutter des Kaisers Marc Aurel, und nach ihrem Tode an

diesen Kaiser selbst. Die hier genannte Besitzerin der *Domitiana majores* ist wahrscheinlich Faustina d. j., Marc Aurel's Gemahlin.
Marqu.-Mommsen¹ VII. S. 665 ff. — Marini, inser. ant. dol. No. 124 und 114.

145. Quadratischer Ziegel mit Kreisstempel (Ca 3):

OPVS·DOLIAR·EX·PRAED·DDNN·   Opus doliar(e) ex praed(iis)
                               d(ominorum) n(ostrorum)
EX·FIG·DOMITIANIS·MINOR   ex fig(linis) Domitianis minor(ibus)
in der Mitte eine Krabbe.

Wahrscheinlich aus der Zeit des M. Aurel und der Faustina.
Marini No. 280.

146. Länglicher Ziegel mit zweizeiligem Stempel (Ca 1):

P R I M I T I V I   Marini liest: Primitivi
DOMIT·TV.LI·DDL   Domiti(i) Tulli d(oliare) d(e) praediis
                                       Licinianis.

Domitius Tullus, dessen Sklave Primitivus diesen Ziegel gefertigt hat, ist der Sohn des obengenannten Cn. Domitius Afer. Über den Licinius, dessen Ziegelei hier im Besitz der Domitier erscheint, ist nichts Sicheres bekannt.
Marini No. 85, vgl. auch No. 105. Marqu.-Mommsen VIII. S. 667.

147. VW M I · ? Zgl. Br. (Da 61), unbestimmbar.
148. S V B I V N M vertieft, Zgl. Br. (Da 55, sub Jun io, Maximo?).
149. G·C·I·F·C Zgl. Br. (Da 63), unbestimmbar.
150. A T I I vertieft, Zgl. Br. (Da 10), Atis?
151. L P I. vertieft, Zgl. Br. (A 47—49), gefunden i. J. 1865 bei *Stettfeld* (Amt Bruchsal) im Gewann Dorfgraben in einem römischen Hypokaustum (Plan im Vereinsarchiv).
K. Christ, Monum. No. 29. Ebensolche Stempel wurden i. J. 1884 daselbst gefunden: Westd. Z. III, Korr. 71.

Töpferstempel auf Lampen.

152. A E I I I A X I vertieft (Di 5), Ael(ii) Maxi mi, vgl. Marini. lucerne 3, auf Lampen, die in Italien gefunden.
153. A N A T E L O vert. (Di 3).
154. A T I V S A erhaben (Di 23), Attusa f(ecit), "Schuermanns, 620 = Fröhner, 212.
               F
              o
155. L C A S A E vert. (Di 7), vgl. Marini 65.
               o
156. C O M V N I ·? erh. (Di 31), Sch. 1509 = Fr. 780.
157. E V C A R erh. (Di 16 u. 20), Encar pi?, vgl. Sch. 2114: EVCARI.
158. E V C A R P I erh. (D 10 u. 55), *Mainz*. Fickler, Arch. Z. 1868 S. 29 falsch: EVCAREI; ferner drei Lampen mit demselben Stempel von unbekannter Herkunft (Di 17—19), Sch. 2119 = Fr. 1857.

159. L·FABRIHEVEL vert. (Di 2, Lucii, Fabricii? Heuelpisti,
Euelpisti, vgl. Marini 127.

160. FORTIS erh. (Di 10—13, 15, 32 u. 40), Sch. 2275 = Fr. 1116;
ferner auf einer Lampe (Di 14) derselbe Stempel mit undeutlichem Ornament darunter.

161. FORTIS erh. (B 21), Sch. 2283.

162. FORTIS erh. (Di 9), oben um den Einguss im Kreis: LEG·X·G·P·F erhaben.

163. GELIN erh. (Di 27), Gel·Hin(s) fecit.

164. GELIVS erh. (B 4), Ringerbruck.

165. GELLIVS erh. (Di 4), Sch. 2375 = Fr. 621.

166. L·A·P vert. oben über dem Bild eines springenden Pferdes. (Di 59).

167. LVPATI erh. (Di 6), Sch. 3081 = Fr. 1379.

168. QNVMICEI vert. (Di 1), Marini 238.

169. PHCV erh. (Di 28), Pecu liaris, Sch. 4254 = Fr. 354. Die Ächtheit der Lampe erscheint fraglich.

170. SATON erh. (Di 22), Sch. 4950 = Fr. 1883a.

171. SIMILIS erh. (Di 29); die Ächtheit ist fraglich.

172. SOLLVS erh. (Di 21), Sollus fecit. Sch. 5280 = Fr. 2016.

173. STROBILI erh. (Di 24, Strobilus, Sch. 5304 = Fr. 2026; derselbe Stempel, am Ende undeutlich STROB auf zwei Lampen (Di 25 u. 26), ferner mit grössern Buchstaben STROB erh. A 57, Eberstadt (Amt Sinsheim), aus einem Steinsarg.

174. SVILLIN erh. Di 8, Su[r]illi(us), vgl. Sch. 5355 = Fr. 2046; OPSARILLI

175. VRSIO erh. (Ci 27), Tarent.

176. ✗P vert. (Di 68), Χριστος, das altchristliche Monogramm.

Töpferstempel auf Gefässen.

177. AAA schwarzer Teller (G 68, Wallstadt), unbestimmbar, vergl. Sch. 2.

178. ALBLVSF Br. (E 111), Ladenburg, Albilus fecit, vgl. Sch. 185.

179. AMABIKIS Br. (Dg 5), Amabilis, Sch. 244.

180. AMMIVS Br. (Dg 12), Sch. 281 = Fr. 91.

181. MMIVSF Br. (E 112), Ladenburg, Ammius fecit, Sch. 282 = Fr. 95.

182. M·AMMI Br. (C 50), Rheinfelden bei Basel, m anu Ammi(i).

183. APERF Br. (E 105), Ladenburg, Aper fecit, vgl. Sch. 381 = Fr. 123

184. ATIASSV viermal auf einem Teller (Dg 16). *Rheindürkheim* (*Rheinhessen*).
185. AVGVSTINVS Schale (B 130), *Rheinzabern*. Sch. 661 = Fr. 235.
186. AVGVSTI Br. (Dg 8), Augusti[nus].
187. AVLIVS·FEC(?). Teller (B 63), *Oggersheim* (*Rheinbayern*) Aulius fec(it). vgl. Sch. 694 = Fr. 252.
188. AV OLOF Schale (D 38). *Mainz*, unbestimmbar.
189. AVXO Schale (Dg 26), *Rheindürkheim*. Avot-i forma?; Ona(?) fecit. AVOT
vergl. Sch. 701: AVOTI FORMA SACRILLOS CARATI.
190. AVSTRVSF Br. (Dg 28), vgl. Sch. 716 = Fr. 216. Bei Gräff S. 42 falsch AVSERVS und darnach Fr. 258 = Sch. 711.
191. OF BASSE Br. (Dg 18), of(ficina) Bassin i., bei Gräff S. 42 falsch: OF BASSN und darnach Fr. 281 = Sch. 755.
192. BASSVSF Br. (E 33), *Ladenburg*. Bassus f(ecit), vgl. Sch. 756 = Fr. 282.
193. BITVOS Schale (B 92), aus der Sammlung Disch.
194. BORIO Br. (H 53), *Osterburken*. Bori-i o(fficina). Sch. 848.
195. BORIVSFEC Br. (E 79). *Ladenburg*. vgl. Sch. 850.
196. CAROMARVS Br. (H 72). *Osterburken*, vgl. Becker, Mainzer Inschr. S. 102, 34.
197. CASSIVS FH Br. (Dg 20), vgl. Sch. 1129 = Fr. 577; bei Gräff. S. 42 falsch: CASSIVS FIG.
198. CAVNIO Br. (E 43), *Ladenburg*. Cauni-i? o(fficina).
199. CELSVS Schale Br. (H 60), und ELSVS Br. (H 125) *Osterburken*. Sch. 1237 = Fr. 624.
200. OFC·EN Br. (Dg 30), unbestimmbar, Sch. 1242.
201. CERA aussen an einer Schale (D 24), *Mainz*, vgl. Sch. 1277 = Fr. 656.
202. CERIA desgl. (H 123 u. 124). *Osterburken*.
203. CERIALIS desgl. (G 69), *Wallstadt*, Sch. 1282 = Fr. 658.
204. CIRIVNAF Br. (H 65), *Osterburken*, vgl. Sch. 1415 = Fr. 737.
205. OCNFX·? Br. (Dg 22), unbestimmbar.
206. BNERTVS aussen, Br. (E 81), [Co]lonertus, *Ladenburg*, Sch. 1485 = Fr. 761.
207. OFCOELI Schale Br. (E 35), *Ladenburg*. Sch. 1511 = Fr. 771.
208. COMITIALI (rückwärts) auf einer Formschüssel (D 42), *Mainz*, Comitiali(s), vgl. Sch. 1539 = Fr. 778, COMITIALI.
209. CONDARIKKVSF Schale (Dg 6), *St. Apollinaris bei Remagen 1763*, bei Gräff. S. 42 falsch: CONDARINVS und darnach Fr. 797 = Sch. 1571.
210. CO   IV(?) Br. (E 47) *Ladenburg*. Contalu[s] Sch. 1661.
211. DRIDOCIVSF Becher (Dg 11), vgl. Sch. 2027 = Fr. 1016: DRIEDOCIVSF.
212. EBVR Br. (H 58), *Osterburken*, Ebur[us]. Sch. 2049 = Fr. 1032.
213. FIRMINVSF (H 64), *Osterburken*, Sch. 2247.

214. O·FIRMON· Br. (Dg 24), o(fficina) Firmon(is), vgl. Sch. 2252.
215. FIRMVS F Schale (Dg 19), und Br. (G 77), *Atzelberg bei Wallstadt*. Sch. 2257 = Fr. 1102.
216. GERM Br. (Dg 23), Germ(anus), Gräff S. 42. Sch. 2407 = Fr. 683.
217. HLARVS Teller (D 25), *Mainz*. H·ilarus.
ANNI Anni(i), vgl. Sch. 2512 u. 336.
218. IANVF (aussen) Schale Br. (E 115), *Ladenburg*. Janu(s) f(ecit), vgl. Sch. 2560.
219. ICAIVIEIGAN (?) Br. (E 108), *Ladenburg*, unbestimmbar.
220. IESIVII ? Br. (E 113), *Ladenburg*, unbestimmbar.
221. OF IVCW Br. (Dg 17), of(ficina) Jucun(di), Sch. 2746. Bei Gräff S. 42 falsch: OF·IVCV, darnach Fr. 1232 = Sch. 2744.
222. IV NAF Br. (H 132), *Osterburken*, unbestimmbar.
223. IVNIANI Schale (Dg 2), Sch. 2834 = Fr. 1265.
224. L·A·A (aussen) Schale (H 122), *Osterburken*, unbestimmbar.
225. \ALVSF (aussen) Schale (D 29), *Mainz*, [L]alus (?) f(ecit), vgl. Sch. 2894; LALI·M.
226. LOSSAFEC Schale (Dg 13), Lossa fec(it), Sch. 3022 = Fr. 1354.
227. LOSA·FE (rückw. altertüml. Schrift) Br. (Dg 21).
228. LVCIVS Schale (G 67), *Wallstadt*, Sch. 3055 = Fr. 1368.
229. LVCIVS F Br. (H 62), *Osterburken*, Sch. 3056 = Fr. 1369.
230. KVPVSFE Br. (E 40), *Ladenburg*, Sch. 3083 = Fr. 1384.
231. LV S F Schale (E 34), *Ladenburg*, Lu[pu]s f(ecit).
232. MA Br. (H 94), *Osterburken*, unbestimmbar.
233. MACRIN Br. (E 36), *Ladenburg*, vgl. Sch. 3157: MACRINI.
234. M·ARTI (rückw.) Br. (Dg 31, mann) Arti(i)? oder Marti(i), zu letzterem vgl. Sch. 3330 = Fr. 1483.
235. MARTV Br. (E 42), *Ladenburg*, Martius, vgl. Sch. 3367 = Fr. 1501.
236. MATVR Br. (G 76), *Atzelberg bei Wallstadt*, Matur[us], vgl. Sch. 3440 = Fr. 1531.
237. OFMO nach Zangemeister Schale (Dg 31), of(ficina) Mo(desti), Sch. 3638 = Fr. 1597.
238. OFMODES Schale (Dg 25), *Zahlbach bei Mainz*, of(ficina) Modes(ti), Sch. 3647 = Fr. 1603.
239. MVR IOF (?) Br. (H 58), *Osterburken*, Mur ri i? of(ficina), vgl. Sch. 3761 = MVRRI.
240. NASVI dreimal, radial gestellt, auf einem Teller (Dg 15), *Rheintürkheim*, vgl. Sch. 3809 = Fr. 1673 : NASVT.
241. NIVALISF Br. (H 77), *Osterburken*, Sch. 3805 = Fr. 1713.
242. OSANDO Br. (H 55) und OSA Br. (H 71), *Osterburken*, unbestimmbar.
243. PEPPOFECIT Br. (H 66), *Osterburken*, vgl. Sch. 4275 = Fr. 369.
244. PETRVLLVSF Br. (E 37), *Ladenburg*, vgl. Sch. 4302 = Fr. 385.
245. PETRV Br. (H 63), *Osterburken*, wahrscheinlich der gleiche Stempel.
246. PLACIDVS Schale (G 58), *Atzelberg b. Wallst.*, Sch. 4336 = Fr. 412.

247. OF PONTI Br. (Dg 29), of(ficina) Ponti(i), vgl. Sch. 4375 = Fr. 423.
248. OF PONTI Schale (Dg 9), vgl. Sch. 4376.
249. PRIDIA Schale (A 43), *Ehrstädt (Amt Sinsheim)*, Pridia[ni], vgl. Sch. 4415 = Fr. 447.
250. PRISCV Br. (H 78), *Osterburken*, Priscu[s], vgl. Sch. 4476.
251. PROBVSF Br. (H 67), *Osterburken*, vgl. Sch. 4490.
252. PVBLIVSFE Br. (B 131), *Bingerbrück*, vgl. Sch. 4516 = Fr. 480.
253. REGNVS Br. (E 111), *Ladenburg*, Sch. 4639.
254. RECNV Becher (H 69) und   GNVS Br. (H 130), *Osterburken*, gleich vorigem Stempel.
255. REG   F Br. (E 38), *Ladenburg*, vgl. Sch. 4641 = Fr. 1705.
256. OF·RVFNI Br. (Dg 3), of(ficina) Rufi[ni], Sch. 4782.
257. SALVI nach Zangemeister, Schale (Dg 106), vgl. Sch. 4898 = Fr. 1862.
258. SECCO Punkt in O, Br. (E 105), *Ladenburg*, Sch. 5018 = Fr. 1902.
259. SECCOF Br. (E 107), *Ladenburg*, Sch. 5019 = Fr. 1903.
260. SECVNDI Schale (Da 34). *Mainz*, Sch. 5043 = Fr. 1907.
261. ·IN[O]W.OES aussen Br. (E 177), *Ladenburg*, Secundini [m(anu)], vgl. Sch. 5051.
262. SHCVNDINVF Teller Br. E 46), *Ladenburg*, Secundinu(s) f(ecit), vgl. Sch. 5055 = Fr. 1927.
263. SHCVN Br. (H 70), und S 11   V · F Br. (H 74), *Osterburken*.
264. SECVNDINVSF Br. (H 76) und Schale (H 80), *Osterburken*, Sch. 5055 = Fr. 1927.
265. SILVIN Br. (H 83), *Osterburken*, Silvinu[s], vgl. Sch. 5256.
266. STABIL· Br. (H 57), *Osterburken*, Stabili[s], Sch. 5297.
267. STA Br. (H 96), *Osterburken*, wie 266.
268. SVLPICIV Schale Br. (Dg 27), Sulpiciu(s), vgl. Sch. 5341.
269. TOCCAF Br. (H 80), *Osterburken*, Sch. 5489 = Fr. 987.
270. ·TOCCAFECIT· Teller Br. (E 44), *Ladenburg*, Tocca fecit, vgl. Sch. 5494 = Fr. 990.
271. TOCCINVSF Schale (Dg 1), *Neuenheim 1793*, vgl. Sch. 5497 = Fr. 997, Graff S. 42, falsch; Joccinus, Fr. 1211 vermutet Toccinus, darnach Sch. 2682.
272. VAT graue Schale (G 66), *Wallstadt*, unbestimmbar, vgl. Sch. 5583; VAT·ERF.
273. VENCARVS Br. (E 45), *Ladenburg*, Ven(i) carus, vgl. Sch. 5622.
274. VHRH Br. (H 68), *Osterburken*, Vere[cundus], vgl. Sch. 5634 = Fr. 2080.
275. VICTORINVS Br. (H 81), *Osterburken*, Sch. 5727 = Fr. 2125.
276. VICVF(?) Br. (E 110), *Ladenburg*, unbestimmbar.
277. VIDVCVS Schale (G 66), *Wallstadt*, und Br. (H 75), *Osterburken*, Sch. 5741 = Fr. 2132.
278. ?VIMPVSF Br. (H 73), *Osterburken*, und Schale (E 39), *Ladenburg*, vgl. Sch. 5758.
279. ?VIM Schale Br. (E 41), *Ladenburg*, wie 278.

280. OF VIRILI Schale (Dg 1), of(ficina) Virili(s), vgl. Sch. 5798 = Fr. 2158.
281. OF VITA Br. (Dg 10), of(ficina) Vita(lis), Sch. 5839.
282. VM schwarzgrauer Teller, Dg 89 und 90.
283. VTTIVS Br. H 95, *Osterburken*, unbestimmbar.
284. FE Br. (H 100), *Osterburken*, f(ecit).
285. FVSF Br. (G 74), *Atzelberg bei Wallstadt*, [Ru]fus(?) f(ecit), vgl. Sch. 4790: RVFVS und 4791: RVFVS·FE.
286. IMI.I;MMA(?) aussen, Schale Br. (H 86), *Osterburken*, unbestimmbar.
287. []I OC FAI(?) Br. E 106, *Ladenburg*, unbest.
288. ..SVINOSID(?) aussen, Schale Br. (H 127), *Osterburken*, unbest.
289. IV Br. (H 108), *Osterburken*, unbest.
290. !O!MA' aussen, Schale Br. (H 91), *Osterburken*, unbest.
291. NAIS Br. (H 126), *Osterburken*, unbest.
292. NI oder IN Br. (H 128), *Osterburken*, unbest.
293. 3:OFTS Br. H 59, *Osterburken*, unbest.
294. /IR Br. (H 129), *Osterburken*, unbest.
295. VS Br. (H 92), *Osterburken*.
296. VSF Br. (H 93), *Osterburken*, ...us f(ecit).
297. ·S·F aussen, Br. E 110, *Ladenburg*.
298. VSI Br. (H 131), *Osterburken*.
299. VSVI Becher Br. E 101, *Ladenburg*.
300. VVOFE Br. (H 97), *Osterburken*.

Stempel auf Henkeln von Amphoren:

301. ·.FIG·GRVM (E 77), *Ladenburg*, unbestimmbar. C·L·SIC·ET·ASI
302. ISPERM (E 63), *Ladenburg*.
303. IS·LVPI (Dg 281).
304. Q·C·C·L (Dg 285 und 286).
305. Q·SE·P·SA (Dg 282).
306. SCA/FNSIAPRI (E 64), *Ladenburg*, vgl. Sch. 4885: SCALENS auf einem Londoner Amphorenhenkel und 400: APRI.
307. VIRGIN (D 41) *Mainz*, vgl. Sch. 5789 = VIRG.

In Thongefässe eingeritzte Aufschriften:

308. *AD BONOS PROCESSOS*, auf der Schulter eines gelben zweihenkeligen Kruges (B 91), aus der Sammlung Disch.
309. *VINIIRIA* Becher (G 70), *Wallstadt*, Veneria.
310. THI Br. (E 117), *Ladenburg*.
311. AEC (Ci 28), in den feuchten Thon eingeritzt. *Tarent*.
312. · Br. (E 94), *Ladenburg*, und Br. (H 105), *Osterburken*. Von letzterem Ort stammen auch die folgenden Stücke bis 328.

313. *M* Br. (H 98) und *M* (H 99).
314. *MA* Br. (H 52).
315. *MOR* Br. (H 77), (m)aior.
316. *MV* Br. (H 100) und *VM* Br. (H 107).
317. *VII* Br. (H 101).
318. *HARII* Br. (H 102), [H]ilariu[s].
319. *VIC* Br. (H 103), Vic[torinus?].
320. *PRO* Br. (H 104), pereo.
    EE
321. *PRI* (in den weichen Thon eingeritzt) Br. (H 105).
322. *IR* (?) Br. (H 113).
323. *HIIX* (?) Br. (H 114).
324. *S'* Br. (H 115).
325. *NIVAK* (?) Br. (H 49), Nival(is) (?).
326. *M.I.DATI* Br. (H 54), Madati (?)
327. *SENE* Br. (H 82), vgl. Senecio Sch. 5082 = Fr. 1943.
328. *VIINAS* Schale des Secundinus (H 30), vgl. oben No. 264; venias.
329. *S.AMMONVS·BELLINVS·FO* [ausgebrochen] *O·POSVIT*
grosse Schüssel mit Reliefs (D 30), *Mainz*. Vgl. Sammo[nius?] B. J. 16, S. 68. Br. 836, Bellini und Bellini o(fficina) Sch. 750 u. 780.
330. *VIIX* Schale des Condarillus (Dg 6), vgl. oben No. 209, *St. Apollinaris*.

Auf Thongefässe aufgemalte Aufschriften.

331. M·I·S·C·E bauchige Flasche (Dg 309), misce.
332. VIVATIS desgl. (Dg 310), vivatis.
333. V·I·V·A·S Becher (C 6), vivas, aus der Sammlung Disch.

Inschriften auf Gegenständen von:

a. Stein:

334. Auf der Deckelleiste einer etrurischen Aschenkiste (Bc 10) von Alabaster in fast ganz verblasster schwarzer Farbe aufgemalt:

  NN NC PROCVLVS·AN·XIIX ..... Proculus an(n)orum,
  duodeviginti.

Am Anfang ist Raum für 7—8 Buchstaben; die auf NN folgenden Zeichen, einschliesslich des P, sind sehr verblasst, das andere gut lesbar, auch die Punkte deutlich.

335. Auf einem griechischen Marmorrelief (Cc 10) von 51 cm Breite und 26 cm Höhe mit schwarzer Farbe aufgemalt, 1882 von Zangemeister entdeckt:

SILVANO	Silvano
AVG	Aug(usto)
AVRELIVS	Aurelius
POLVCRO	Polucro-
NIVS	nius
D D	d(edit) d(edicavit).

Trotzdem das Schriftfeld durch später eingehauene sinnlose Zeichen beschädigt ist, steht die Lesung unzweifelhaft fest.

Die Inschrift ist mit der Variante POLYCHRONIVS nach Pighius und Manutius im Corp. Inscr. VI. n. 633 veröffentlicht als angeblich zu Rom gefunden in einem Hause beim Theater des Marcellus, von wo sie später in den Palast Colonna kam. Über ihre Erwerbung durch Kurfürst Karl Theodor ist nichts überliefert. Sie erscheint auch bei Boissard, Antiquitatum pars VI (v. J. 1602), n. 16 und zwar auf einem Altar, offenbar eine der vielen willkürlichen Erfindungen Boissards. Zweifellos ist unsere Inschrift mit der von Pighius gesehenen identisch, nur hat der Abschreiber anstatt der latinisierten Form Polucronius die ursprüngliche, griechische Polychronius (Πολυχρόνιος) niedergeschrieben.

Die Reliefdarstellung selbst steht mit der Inschrift in keiner unmittelbaren Beziehung: ein nackter Jüngling, offenbar ein heroisierter Toter, hält zu Pferd vor einem Palmbaum, an dem sich eine Schlange emporringelt, ähnlich dem in Verona befindlichen Relief: Dütschke, Antike Bildw. in Oberitalien, IV, 531.

K. Baumann, Marmorskulpt. No. 18.

b. Glas:

336. Stempel auf dem Boden eines 19,5 cm hohen Glasfläschchens (Dh 6).

G	F
H	I

In den vier Ecken des quadratischen Feldes die Buchstaben (von l. nach r. anfangend): FGHI, in der Mitte ein aufrecht stehender Genius, nach l. gewendet, das Füllhorn in der Rechten.

c. Bein:

337. Auf einem 10,2 cm langen beinernen Bolzen mit Knopf (D 196) eingeritzt:

CASTI, aus Mainz. Der Name Castus erscheint öfters auf Mainzer Inschriften, z. B. Bramb. 1006, 1017 und 1263.

d. Leder:

338. In einem 6 cm langen, 3.2 cm breiten Lederstreifen (D 361) eingestanzt:

IP P I I I I·V
    M F T I   aus *Mainz*, unbestimmbar.
    L·F·C

e. Silber:

339. Unten auf der verzierten Sohle einer kleinen Sandale (D 67):

    F   in punktierter Schrift, *Dimesser Ort bei Mainz*,
PRIMVS   f(ecit) Primus.

340. Auf einem Silberblech, das auf einem kleinen rechteckigen Medaillon von Bronze (D 76) aufgelötet ist und in flachem, undeutlichem Relief einen nach links gewendeten Kopf zeigt:

    N O L V (?), *Dimesser Ort bei Mainz*, unbestimmbar.

Brambach 1112 a 2 liest LVVOLV.

f. Bronze:

341. Stempel auf einer verzierten Strigilis (D 359):

    AGATO, *Dimesser Ort bei Mainz*. Der Name scheint auf rheinischen Inschriften sonst nicht vorzukommen, auf italischen öfters, vgl. Wilmanns, Exempla 96. bezw. 285. 477. 1941. 2177.

Bramb. 1112 a 1. — Abgebildet bei Lindenschmit, Altert. II. IX. IV. 6.

342. Stempel auf dem Boden einer Schüssel (Di 169):

    I·T·T·T·R G C   unbestimmbar; der letzte Buchstabe = C oder O.

343. Auf dem Bruchstück eines kleinen Rades (D 233) eingraviert:

    EFORTVNEVI   angeblich vom *Dimesser Ort bei Mainz*, [deu]e Fortun(ae) Vi[ctrici]; die Echtheit ist fraglich.

344. Rechteckiges Schildchen (H 135), 23 mm breit, 37 mm hoch, mit punktiert eingegrabener Aufschrift:

    T·Q V A R   aus *Osterburken*, T(iti) Quartii Agrani. Diese Lesung,
    TI   nach Christ und Haug, ist unzweifelhaft. Zu Quartius
                 citiert Haug die Trierer Inschrift Bramb. 796, Agranus
    AGRANI   ist sonst nicht zu belegen.

Auf der Rückseite befinden sich zwei senkrecht aufgelötete Ösen, wohl zum Aufnähen des Schildchens auf Tuch oder Leder.

Haug, B. J. 65/66, S. 164.

345. Rechteckiges Schildchen (H 136), an den Schmalseiten eingekerbt, „tabella ansata", 3.5 cm breit, 2 cm hoch, mit punktiert eingegrabener Aufschrift:

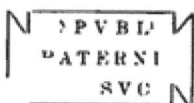

aus *Osterburken*, c(enturia) Publi(i) Paterni(i) SVC(?). Zeile 1 am Anfang ein deutliches Centurien-Zeichen; Zeile 2 ist von P nur der obere Teil erhalten, der untere mit einem Stück des Täfelchens ausgebrochen; auf der dritten Zeile (unter P) könnte noch etwas gestanden haben. SVC kann ich nicht erklären. Die sonst häufige Abkürzung SV·CV für sub cura kann hier, weil am Ende stehend, nicht in Betracht kommen; ebensowenig die von Hanselmann versuchte Deutung der Abkürzung auf einem Ziegelstempel (Bramb. 1583 d 3) S·V·C·V = signi) quinti c(ontubernii) V(?), denn abgesehen davon, dass Inschriften von Zeltgenossenschaften meines Wissens sonst nicht bekannt sind, müsste die Zahlangabe nicht vor, sondern hinter contubernii stehen. SVC kommt endlich auch als Abkürzung für die Tribus Succusana vor (Wilm. 1701—1704); aber eine Angabe der Tribus ist hier auch nicht anzunehmen. Sie kommt meist nur auf Grabdenkmälern und andern auf Personen bezüglichen Inschriften vor: hier wäre sie durchaus überflüssig, da die Centurie durch den Namen ihres Führers hinlänglich bestimmt ist.

Auf der Rückseite eine senkrecht aufgelötete Öse (die zweite scheint abgebrochen zu sein), zum Aufnähen des Schildchens wie No. 344.

346. Rechteckiges dünnes *Bronzeblech* (H 137), 72 mm breit und 27 mm hoch, mehrfach geknickt und zerbrochen, am Rand und an den Ecken beschädigt; doch sind in der Ecke links oben und rechts unten noch die Löcher für die Stifte erhalten, mit denen das Blech auf dem Weihegeschenk, zu dem es gehörte, befestigt war. Von der Inschrift, die punktiert ist, scheint nichts zu fehlen. *Osterburken*.

```
   PATERIO)           Paterio c(enturio)
   CORNICE MAR        co(ho)r(tis) Nic(ae(ensium) Mar(ti)
   CNABETIO           Cnabetio
   VOTRLLM            vot(um) r(e)ddidit l(ibens) l(aetus) m(erito).
```

Zeile 1 hinter Paterio ein Zeichen, das einem Centurio-Zeichen am nächsten kommt, keinesfalls der Rest eines N, wie Fickler vermutete. Die übrigen Buchstaben sind zwar nicht ganz regelrecht, aber deutlich ausgeprägt.

Den Namen Paterio belegt Mommsen durch Gruter 521,7: *Antonius Paterio miles) coh(ortis) N praetoriae)*. Da Paterio als Centurio bezeichnet wird, so muss man wohl auf der zweiten Zeile statt *cornice(n)*, was am nächsten läge, mit Mommsen cohortis Nicaeensium lesen, obwohl eine Cohorte der Nicaeer sonst nicht nachgewiesen ist. Cnabetius als keltischen Beinamen des Mars hat Becker sicher nachgewiesen.

(Fickler) Mannheimer Journal 1849, No. 28 (25 Januar). Karlsruher Zeitung 1849, Nr. 24 (29. Januar). Correspondent von und für Deutschland 1849, Nr. 50. Beilage zur Augsburger

Allgem. Zeitung 1869. No. 30. Beilage zum Anzeiger für Kunde d. deutsch. Vorzeit 1869. No. 2 S. 60, S. Fickler und Mommsen, Arch. Zeitung 1862. S. 29. Becker, B. J. 50/51. S. 163. Haug. B. J. 55/56, S. 164.

g. Blei:

347. Schleuderblei (D 362), von Jehring in Mainz angekauft, unecht. Zangemeister liest: E S V R E I S
                E T M E
                C E L A S

Vgl. Desjardins. Desiderata 1875. fasc. 4. No. 428. Zangemeister, Glandes plumb. S. 122. 78. 1.

348. Desgl. (D 363). Zangemeister liest: PET
        Rückseite: C V L V M
                   N V I A V L O O

Vgl. Desjardins, fasc. 4 No. 482. Zangemeister, Gland. pl. S. 122, 78. 2. (CVLVM ist hier durch Versehen weggelassen, während es in der handschriftlichen Aufzeichnung Zangemeisters im Vereinsarchiv richtig wiedergegeben ist).

349. Plombe (D 321) von zweifelhafter Echtheit, angeblich in *Mainz* gefunden:
    L A T   Latini.
    I N I

350. Desgl. (D 322):   SOPA   vgl. Sopater bei Wilm. 1653.
                      T R I S

351. Desgl. (D 323). In der Mitte eine sitzende weibliche Figur (Pallas) nach l., behelmt, die Lanze in der Linken, auf ihrer vorgestreckten rechten Hand steht eine Victoria. Längs dem Rand die nicht zu entziffernde Inschrift:

352. Desgl. (D 324):   F D.

353. Desgl. (D 327). Auf der Vorderseite ein männlicher Kopf nach links, am Rand NIVIE O(?); auf der Rückseite ein springender Löwe.

h. Eisen:

354. Auf der Klinge eines 16,2 cm langen Messers (D 483) der Stempel TERTINVS, gef. am *Unnesser Ort bei Mainz*. Der Name kommt öfters vor, so bei Bramb. 748, 858, 1707.

Verzeichnis der Schriften,
auf die im Text kurz verwiesen ist.

Alter Katalog der Sammlung des Mannheimer Altertums-Vereins, Handschrift 1859—1863. Fol.
Archaeologische Zeitung, herausgegeben vom Archaeologischen Institut, Berlin 1843—85. 4.
Baumann, K., Die antiken Marmorskulpturen des Grossh. Antiquariums zu Mannheim, i. d. Festschrift zur XXXVI Philologen-Versammlung. Karlsruhe 1882. 4.
Becker, Jak., Die röm. Inschriften und Steinskulpturen des Museums der Stadt Mainz, Mainz 1875. 8.
Berliner Philologische Wochenschrift, herausgeg. von Belger u. Seyffert, Berlin.
Bone, C., Anleitung zum Lesen, Ergänzen und Datiren römischer Inschriften, Trier 1881. 8.
B. J. = Bonner Jahrbücher, d. h. Jahrbücher des Vereins von Altertumsfreunden im Rheinlande, Bonn 1842 ff. 8.
Bramb. = Brambach, Guil., Corpus inscriptionum Rhenanarum, Elberfeld 1867. 4.
Christ, K., Monumenta Romana Palatinatus ad Nicrum. autograph. Manuscr. ohne Jahr.
Conceptbuch des Mannheimer Altertums-Vereins, Handschrift, 1859—1873.
C. I. L. Corpus Inscriptionum Latinarum consilio et auctoritate academiae litterarum regiae Borussicae editum, Berlin. Fol.
Ephemeris epigraphica, edita iussu Instituti archaeol. Romani, Rom, Berlin. 8.
Fickler, C. B. A., Römische Altertümer a. d. Umgegend von Heidelberg und Mannheim, Mannheim 1865. 8.
Fickler-K. Christ, dass. II. Auflage von K. Christ. i. d. Verhandlungen der XXIV Philologenversammlung, Heidelberg 1865. 4.
Friederichs, Berlins antike Bildwerke, II. Düsseldorf 1871. 8.
Fr. = Fröhner, Inscriptiones terrae coctae vasorum, Göttingen 1858. 8.
Furtwängler, Beschreibung der Vasensammlung im Antiquarium (Königl. Museen Berlin), Berlin 1885. 8.
Gräff, Das Grossh. Antiquarium zu Mannheim II, Mannheim 1839. 8.

Harster, Ausgrabungen des Histor. Vereins d. Pfalz, Speyer 1886. 4.
Haug = Haug, F., Die röm. Denksteine des Grossh. Antiquariums in Mannheim, Konstanz 1877. 4.
Haug, Epigraphischer Bericht in Bursian's Jahresbericht über die Fortschritte der Altertums-Wissenschaft. XXIII Bd., Berlin 1880. 8.
Hefner, Das röm. Bayern in seinen Schrift- und Bildmalen, 3. Aufl., München 1852. 8 u. fol. (nach Brambach citiert).
(Heintz), Die bayr. Pfalz unter den Römern, Kaiserslautern 1865. 8.
Jäger, R., I Jahresbericht des Histor. Vereins d. Pfalz, Speyer 1842. 4.
Jahresbericht des Mannheimer Altertums-Vereins für 1881—82. Mannheim 1883. 4.
Keller, J., Die neuen röm. Inschriften des Museums zu Mainz, II Nachtrag zum Becker'schen Katalog. Mainz 1887. 8.
Keller, O., Vicus Aurelii (Oehringen), Winkelmann's-Programm, Bonn 1871. 4.
Korrespondenzblatt des Gesamtvereins d. deutschen Geschichts- u. Altertums-Vereine. Stuttgart-Darmstadt-Berlin.
Lindenschmit, L., Altertümer unserer heidnischen Vorzeit, II, Mainz 1870. 4.
Zeitschrift d. Vereins zur Erforschung d. rhein. Geschichte und Altertümer zu Mainz. II, Mainz 1859 ff. 8.
Marini, Iscrizioni antiche doliari, ed. G. B. de Rossi con annot. Dressel, Rom 1884. 4.
Marquardt-Mommsen Handbuch d. röm. Altertümer von J. Marquardt und Th. Mommsen. 2. Aufl., Leipzig 1876 ff. 8.
Zeitschrift f. d. Geschichte des Oberrheins, 20 Bd., Karlsruhe 1896.
Orelli, Inscriptionum latinarum select. amplissima collectio, Turici I—II, 1828. 8. (nach Brambach citiert).
Pick, Monatsschrift f. d. Geschichte Westdeutschlands, Bonn-Trier 1875—1881.
Revue archéologique, Paris 1844 ff. (nach Haug citiert).
Roscher, W. H., Lexikon d. griech. u. röm. Mythologie, Leipzig 1884 ff. 8.
Sch. Schuermans, Sigles figulins, Brüssel 1867. 8.
Steiner, Codex inscriptionum Romanarum Danubii et Rheni, I—V, Seligenstadt-Gross-Steinheim-Darmstadt 1852—1864. 8. (nach Brambach citiert).
de Wal, Mythologiae septentrionalis monumenta epigraphica latina, Utrecht 1847. 8. (nach Brambach cit.)
Westd. Z. Westdeutsche Zeitschrift für Geschichte u. Kunst, mit Korrespondenzblatt, Trier 1882 ff. 8.
Wilmanns, Exempla inscriptionum Latinarum, Berlin 1873. 8.
Wilhelmi, Jahresberichte der Sinsheimer Gesellschaft zur Erforschung der vaterländischen Denkmale, Sinsheim 1831 ff. 8.

Erklärung der Abkürzungen und Zeichen.

Die Bezeichnungen r. rechts und l. links sind vom Standpunkt des Beschauers aus zu verstehen. — vert. vertieft. — erb. erhaben. — rückw. rückwärts, d. h. von rechts nach links zu lesen. — Zgl. Ziegel. — Hzgl. Hohlziegel. — Falzzgl. Falzziegel. — Br. Bruchstück.

Das Zeichen ⌒ über zwei oder mehreren Buchstaben bedeutet, dass dieselben auf der Inschrift selbst zu einem Zeichen verbunden (ligiert) sind. Die Steininschriften erscheinen durch gerade Linien eingefasst, soweit die Grenzen der Schriftfläche unversehrt erhalten sind. Bei den Kleinaltertümern steht das Zeichen , wo die Inschrift abgebrochen ist. — Das Zeichen bedeutet, dass ein Buchstabe fehlt. — Buchstaben, die fast ganz erhalten und zweifellos sind, erscheinen meistens ganz ausgedruckt.

Verzeichnis der Fundorte,
soweit dieselben bekannt sind.

I. Baden.

Ehrstädt (Amt Sinsheim): 173. 249.
Ladenburg (Amt Mannheim): 27—50. 105. 141. 178. 181. 183. 192. 195. 198. 206. 207. 210. 218—220. 230. 231. 233. 235. 244. 253. 255. 258. 259. 261. 262. 270. 273. 276. 279. 287. 297. 299. 301. 302. 306. 310. 312.
Lobenfeld (Amt Heidelberg): 21.
Mannheim: 51.
Mönchzell (Amt Heidelberg): 20.
Neckarau (Amt Mannheim): 52—58.
Neckarburken (Amt Mosbach): 12—15.
Neckarelz (Amt Mosbach): 16.
Neuenheim (Amt Heidelberg): 91. 95. 98. 113. 116. 121. 129. 130. 140. 142. 271.
Osterburken (Amt Adelsheim): 1—11. 194. 195. 199. 202. 204. 212. 213. 222. 224. 229. 232. 239. 241—243. 245. 250. 251. 254. 263—267. 269. 274. 275. 277. 278. 283. 284. 285. 288—286. 289. 300. 312—328. 344—346.
Schlossau (Amt Buchen): 99. 114. 115. 117—120. 122.
Spechbach (Amt Heidelberg): 18. 19.

Steinsfurt (Amt Sinsheim): 51.
Stettfeld (Amt Bruchsal): 22—26. 151.
Wallstadt (Amt Mannheim): 177. 203. 228. 272. 277. 309.
Auf dem Atzelberg bei Wallstadt: 215. 236. 246. 285.

2. Rheinbayern.

Altripp: 59. 60.
Iggelheim: 62—64.
Mandach: 61. 61a.
Oggersheim: 187.
Rheinzabern: 185.

3. Rheinhessen.

Mainz: 66. 67. 111. 158. 188. 201. 208. 217. 225. 260. 307. 329. 337—341. 343.
 349—354.
Nierstein: 65.
Rheintürkheim: 184. 189. 240.
Zahlbach bei Mainz: 236.

4. Preussische Provinz Hessen-Nassau.

Nidda: 96. 109. 110. 123. 124.

5. Preussische Rheinprovinz.

St. Apollinaris bei Remagen: 209. 330.
Bingerbrück: 164. 262.

6. Holland.

Nymwegen: 133. 135.

7. Schweiz.

Rheinfelden (bei Basel): 182.

8. Italien.

Tarent: 175. 311.
Ohne genauere Angabe: 144—146. 152. 155. 159. 168. 334. 335. [347. 348].

Vergleichung der jetzigen Numern der Denksteine
des
Mannheimer Altertums-Vereins mit den früheren Numern.

Jetzige Numer.	Frühere Numer.	Jetzige Numer.	Frühere Numer.	Jetzige Numer.	Frühere Numer.
1	1	25	—	49a	18
2	25	26	—	50	—
2a	5	27	21	51	—
3	3	27a	27	52	33
4	2	28	18	53	34
5	4	29	28	54	35
6	52	30	14	55	38
7	53	31	29	56	45a
8	54	32	67	57	36
9	55	33	68	58	37
10	56	34	61	59	39
11a	57	35	62	60	40
11b	58	36	63	61	42
12	10	37	64	61a	43
13	9	38	65	62	44
14	8	39	26	63	45a
15	7	40	16	63a	45b
16	11	41	—	64	23
17	12	42	24	65	46
18	59	43	19	66	48
19	60	44	19a	67	47
20	66	45	20	68	—
21	—	46	22	69	49
22	6	47	22a	70	
23	50	48	15	71	—
24	51	49	17	72	—

Register.

I. Personen-Namen.*)

1. Geschlechtsnamen (nomina gentilicia).

Aelius Maximus 152.
[Af]rania Afra 57.
Aurelius Polucronius 335.
Caecilius Secundus 116, 117.
L. Caecilius Severus 118.
L. Cassius Ac? 155.
[C]uttonius Fortis 5.
Cons[tantia] Cons[ti]tuta] 52.
Q. Daccius 18.
Domitius Tullus 146.
L. Fabricius Euelpistus 169.
Julius Felix 119.
Julius Primus 124.
Julius Saturninus 120.
[Julius Sil]vanus? 3.

Junius Maximus? 148.
Mar[ius Vict[orin[us] ? 2a.
Q. Numicius 148.
P. Paternius 345.
T. Quartius Agranus 344.
Placidius Placidius 5.
Procl(ius) Fuscus 62a.
Procl(ius) Pollio 62a.
Sammon(i)us Bellinus 329.
Sempronius Frontinus 123.
Silvinius Dubitatus 60.
Silvinius Justus 60.
L. Valerius Primus 121.
[Va]lerius T iti, [filius] 52.
[T. Valer]ius Valens 52.

2. Römische Beinamen, und unrömische Namen.

.la ? 177.
Adiutex 143.
Afra 57.
Agato 341.
Agranus 344.
Albillus 178.
Amabilis 179.
Ammius 180 – 182.
Amato.? 153.
Amius-eigentlich Geschlechtsname 217.
Aper 183, 306.
Artius ? 234.

Asi.? 301.
Atiussus 184.
.tis.? 150.
Attusa 154.
Augustinus 185, 186.
Aulus eigentlich (Geschlechtsname) 187.
Ar.ol 188.
Avitus 189.
Austrus 190.
Bassanus 191.
Bassus 192.
Bellinus 329.

*) Die Namen der Handwerker (auf Stempeln) sind in Cursivschrift und ergänzt wiedergegeben.

Bituos 193.
Borius 194. 195.
Caromarus 196.
Cassius (eigentlich Geschlechtsname, hier als Einzelname eines Nichtrömers) 22.
Cassius 197.
Castus 337.
Caunius? 198.
Celsus 199.
Of. C. En 200.
Cera 201.
Cerialis 202. 203.
Cirtuna 204.
O C N F N 205.
Cobnertus 206.
Cocceius (eigentlich Geschlechtsname, hier als Einzelname eines Nichtrömers) 22.
Coelius (eigentlich Geschlechtsname) 207.
Col 301.
Comitialis 208.
Comunis 156.
Condarillus 209.
Consti[tuta] 52.
Cottalus? 210.
Dridocius 211.
Dubitatus 60.
Eburus 212.
Eucarpus 157. 158.
Euelpistus 159.
Felix 119.
Firminus 213.
Firmo 214.
Firmus 215.
Fortio 5.
Fortis 160. 161.
Frontinus 123.
Fuscus 62a.
Gaianus 22.
G · C · I · I · F 149.
Gelius 163. 164.
Gellius (eigentlich Geschlechtsname) 165.
Germanus 216.
Grum. 301.

Hilarius 318.
Hilarus 217.
Janus 218.
Icarveigan? 219.
Jesivius? 220.
Imil. mma? 236.
Isi. Erm 302.
Is. Lupi 303.
J. T. et T. R. G. O 342.
Jucundus 221.
Ju. na 222.
Junianus 223.
I.. A . A 224.
Ialus 225.
I.. A . P 166.
Latinus 349.
Losa 227.
Lossa 226.
J. P I. 151.
Lucius (eigentlich Vorname) 228. 229.
Lupatus 167.
Lupus 230. 231.
Ma . . . 232.
Macrinus 233.
Madatus 326.
Maior 315.
Martius? 234.
Martius 235.
Maturus 236.
Maximus 148. 152.
Modestus 237. 238.
Murrius 239.
Nasutus? 240.
Nivalis 241.
Nivalis 325.
Nivio? 352.
Ona? 189.
Osando? 242.
Paterio 346.
Peculiaris 169.
Peppo 243.
Petrullus 244. 245.
Placidinus 5.
Placidus 246.

Pollio 62a.
Pontius 247. 248.
Pridianus 249.
Primitivus 146.
Primus 121. 124. 339.
Priscus 250.
Probus 251.
Publius (eigentlich Vorname) 252.
Q. C. C. I. 304.
Q. Sc. P. Sa 305.
Reginus 253—255.
Rufinus 256.
Rufus 285.
Salvus 257.
Salon 170.
Saturninus 120.
Scalensius? 306.
Secco 258. 259.
Secundinus 260—264.
Secundus 116. 117.
Senecio 327.
Severus 118.
Sic. 301.
Silvinus 265.
Similis 171.
Sollus 172.
Sopater 350.
Stabilis 266. 267.
Strobilus 173.
Surillius 174.
Tertinus 354.
Tocca 269. 270.
Toccinus 271.
Tullus 146.

Valens 52.
Vat 272.
Veneria 309.
Venicarus 273.
Verecundus 274.
[Vict]orin[us] 2a.
Victorinus 275.
Victorinus 319.
Vicu? 276.
Viducus 277.
Vimpus 278. 279.
Virginius 307.
Virilis 280.
Vitalis 281.
Vm 282.
Ursinia 22.
Ursinius 22.
Ursio 175.
Vxmi? 147.
... fd 352.
... *i* .. *pai?* 287.
... *rsonius* 288.
... *ni* 289.
... *nais* 291.
... *ni* 292.
... *nolu* 340.
... *o . ma* 290.
... *stfore?* 293.
... *vin* 294.
... *us* 295. 296. 297.
... *usi* 298.
... *usui* 299.
... *uvo* 300.

3. Besonderheiten in der Namengebung.

Casii coniunx Ursinia 22.
Coccei (sc. filius) 22.
Gaiani (sc. filia) 22.

Geschlechtsnamen als Einzelnamen gebraucht: 22. 163—165. 187. 217.
Vornamen als Einzelnamen: 228. 229. 252.

II. Geographisches und Topographisches.

1. Völker, Städte und Dörfer.

cohors III Aquitanorum 1.
cohors II Cyrenaica 129.
legio IV Macedonica 83. 84.
vicus Nediensis 18. 19.

cohors Nicaeensium? 346.
civitas S. N. 34. 36.
civitas Ulpia S. N. 35. 37. 38.

2. Bauwerke und Bauhandwerk.

Mercurio aedem cum signo 65.
figlinae Domitianae maiores 144.
— minores 145.
praedia dominorum nostrorum 145.

praedia Faustinaes 144.
praedia Liciniana? 146.
Strasse von Lopodunum 34–38.

III. Religionswesen.

1. Gottheiten. *)

Amor (Eros) mit Pan 30.
Apollo 53.
Fortuna Victrix (echt?) 343.
Genius 2. — *Todesgenius* 57.
Genius centuriae? 3.
Genius optionum 1.
Gigant 27. 29.
Hercules 17c. 20c. 59c.
Heroisierter Todter 335.
Juno 17a. 20a. 59a. 62a.
Juno mit Juppiter 39?
Juppiter 16 f. 33.
Juppiter mit Gigant 27. 29.
Juppiter optimus maximus et Juno regina 39? 62a.
Luna 16c.
Mars 16d. 62b.
Mars Cnabetius 346.
Mars oder Minerva 61.
Mars und Nemetona 60.
Mercur 16e. 17b. 20b. 59b. 65.

Mercur 65.
Mercur und Rosmerta 19.
Minerva 5. 17d. 32. 58d. 68.
Minerva 5.
Minerva mit Victoria (echt?) 351.
Nemetona mit Mars 60.
Pan mit Amor 30.
Deae Quadruhiae 22.
Rosmerta mit Mercur 19.
Saturn 16a.
Silvanus Augustus 335.
Sol 16b. 54?
Todesgenius 57.
Venus big. 67.
Victoria 62a 62d.
Vier Götter:
  Juno, Mars, Vulcan, Victoria 62.
  Juno, Mercur, Hercules, Minerva 17. 20. 59.
Vulcan 62c.
Wochengötter 16.

*) Bildliche Darstellungen sind durch Cursivschrift angedeutet.

2. Symbole und Attribute.
a. Tiere.

Bock 16c.
Eule 17d. 32.
Gans (Adler?) 62b.
Greif 53.

Hund 17b.
Pfau 62a.
Schlange 53. 335 (echt?).

b. Symbolische Gegenstände.

Aegis 32.
Altar 32. — turibulum 59a.
Ambos 62c.
Apfel (Hesperidenäpfel 59c.
Beutel 16c. 17b. 59b.
Blitz 13. 16f.
Blumengewinde 57.
Brot 14. 15.
Dreifuss 53.
Fackel 57.
Flügel am Haupt 16d. 20b.
„ am Leib 30. 57.
Frucht (Apfel?) 31. — an den Mund geführt 57.
Fruchtkorb? 16a.
Füllhorn 2. 10. 336.
Hammer 62c.
Harpe 16a.
Helm 16d. 62b. 68. 69.
Hesperidenäpfel 59c.
Infula, Palmzweig und Blitz 13.
Keule 17c. 27. 59c.

Krug 14. 15.
Kugel (Victoria 62d.
Lanze 16d. 17d. 62b. 69. 351 (echt?).
Löwenfell 17c. 59c.
Messer, Krug, Brot 14. 15.
Opferschale 1. 2? 17a? 59a?
Palmbaum 335.
Palmzweig 13. 62a.
Panzer 16d. 27.
Ruder 62d.
Scepter 62a.
Schild 16d. 17d. 32. 59d. 62b.
„ zum Schreiben 62d.
Schlangenstab 16e. 17b. 59b. 65.
Schreibgriffel 62d.
Schwert 62b.
Spiegel 16g.
Strahlenkrone 54.
Urne (umgestürzt) 57.
Weihrauchbüchse (acerra) 14? 15? 17a. 59a.
Zange 62c.

3. Formeln auf Altären, Grabsteinen und Votivgegenständen.

annorum 334.
cura 18.
d(edit) d(edicavit) 335.
de suo fecerunt 18.
[de (in) s]uo fe(cit)? 3.
[ex]visu monita 57.
ex voto posuerunt 22.
in h(onorem) d(omus. d(ivinae) 22. 53. 65.
ob salute(m) sua(m) et suorum posuit 57.
[pe[rpetu a]e quieti 57.

[p(osuerunt)] 5.
posuit 329.
vot(um) r(eddidit) l(ubens) l(aetus) m erito) 346.
v(otum) s(olvit) l(ubens) l(aetus) m(erito) 2a.
votum solverunt lubentes laeti merito 62a.
v(otum) s(olventes) l(aeti) l(ubentes) p(osuerunt). 60.

IV. Staatswesen und Gemeindeverfassung.

Imp. Caes. M. Antonius Gordianus (a. 238) 34.
Faustina Augusta, Gemahlin M. Aurels 144.
Q. Herennius Etruscus Messius Decius nobil. Caesar (a. 249) 37.
Imp. Caes. M. Julius Philippus et M. Jul. Philippus nob. Caes. (a. 245) 35.

Impp. Caess. P. Licinius Valerianus et P. Licinius Galienus (a. 253) 38.
Imp. Caes. C. Messius Quintus Traianus Decius 36.

civitas S. N. 34. 36.
civitas Ul(pia) S. N. 35. 37. 38.
vicani (vici) Nediensis 18. 19.

V. Kriegswesen.

legio I M(inervia) 72. 73. I M. Ant(oniniana) 75. I. M. Anto. 80. I M. An. 76. I M. A. p(ia) fid(elis) 77. I M. Anton. p. f. 78. 79. I etc.? 81. I M. p. f. p. f. f.? 82.
legio IV M(acedonica) 83. IV Mac. 84.
legio VIII Aug(usta) 85.
legio X G(emina) 86. 87. g. p(ia) f(idelis) 88. 89.
legio XIV 90. 91. g(emina) 92. g. M ar- tia) 93.
legio XV 94.
legio XXI r(apax) 95. 96.
legio XXII pr(imigenia) 97.? 98 p(rimigenia) p(ia) 97.? 99. 100. pr. pi. 106. pr. pi. do. 125. p. p. f. 111—113. 115. 117—121. 123. 124. pr. p. f. 102—104. 107. 108. 116. pri. pi. f. 110. p. pi(a)e f. 114. pr. p. fid. 109.

legio XXX 126—128.
cohors XXIV 130.
cohors III Aquitanorum Philippiana 1.
cohors II Cyrenaica 129.
co(ho)r(s) Nic(ae(ensium)? 346.
ex(ercitus) Ger(maniae) i(nferioris) 130. 136. ex. Ger. in. 131. 135. ex. Ger. inf. 133. 134. exs. G. inf. 138. Ger. inf. 137.
vex(illatio) ex(ercitus) s(uperioris) 139.
leg ... 140. — le X ... 141. — coh ... 142.

centurio 5. 345. 346.
centurio ex corniculario 5.
optiones 1.

VI. Inschriften verschiedenen Inhalts.[*]

Ad bonos processos 308.
Christliches Monogramm XP 176.
exureis et me celas (auf einem gefälschten Schleuderblei) 347.
F G H I auf einer Glasflasche 336.
misce auf e. Thongefäss aufgemalt 331.
perco 320.

pete cnlum Octaviani (auf einem gefälschten Schleuderblei) 348.
SVC? 345.
venias 328.
rex 330.
vivas auf e. Thongefäss aufgemalt 333.
vivatis auf e. Thongef. aufgem. 332.

[*] Die eingeritzten Inschriften sind in Cursivschrift wiedergegeben.

VII. Grammatik und Orthographie.

Aes (ις) statt ae: Faustinaes 144.
Deklinationsfehler: ad bonos processos 308.
E statt ae: edem 65. perpetue 57. pie 114. Rosmerte 19.
Ei statt i: Genetiv Numicei 168.
Heuelpistus = Euelpistus 159.

I longum 38,6. I weggelassen 62a.
Konstruktionsfehler: ex visu monita 57. ob salute sua 57.
N assimiliert: Nediessis = Nediensis 18.
O statt a: Troiana = Traiano 36.
O statt g: Avo- = Aug(usto)
S fehlerhaft: exs 138.

VIII. Arten der Denkmäler.

Altäre mit Inschrift: 18. 22.
Architektonisches: Altarähnliche Basis 55. Kapital 6. 43. 44. 46. Konsole oder Kapital 45. Pfeiler 72. desgl. mit Ornament 61. 61a. Profilierte Platte 70. 71. Quader mit Ornament 58. Schuppensäule 25. 56. 63. 63a. Säule mit Basis 64. desgl. mit Kapital 46. desgl. mit Relief 30. 42. Thürgewandung 50. Tischfuss 48. Tischplatte 26. Ziegelsteine 73—151.
Aschenkiste mit Deckel 49. 49a. 334.
Bolzen von Bein 337.
Bronzeschüssel 342.
Bronzetäfelchen 344—346.
Eisenmesser 354.
Glaatlasche 336.
Grabsteine mit Inschrift 52. 66. — ohne Inschr. 23. 24. 31.
Inschriften aufgemalt auf Marmor 334. 335. auf Thongefässen 331—333.
Inschriften eingeritzt in Bein 337. – in Thon 308—330.
Leder mit Inschrift 338.

Lengensäulen 34—38.
Medaillon von Bronze mit Relief in Silber 340.
Plomben (echt?) 349—353.
Rad von Bronze (echt?) 343.
Relief in Blei (echt?) 349—353. in Glas 336. in Silber 340.
Relief in Stein: 13—17. 23. 30. 31. 57. 59. 60. 62. 62a. 335.
— Bruchstücke: 5. 20. 24. 41. 51. 53. 54. 65—69.
Sandale von Silber mit Inschrift 339.
Schleuderblei (unecht): 347. 348.
Statuen und Statuetten: 1 (verlor.). 2. 27. 28. 32. 33.
— Bruchst. 6—11. 21. 29. 40.
Strigilis 341.
Thonwaaren gestempelt: Amphorenhenkel 301—307. Gefässe 177—300. Lampen 152—176. Ziegel 73—151.
Votivsteine mit Inschr.: 2a. 5. 19. 39. 53. 57. 62. 63. 336. — ohne Inschr.: 27—29. 32. 33. 59. 64.
Votivtäfelchen von Bronze: 345. 346.

Abbildungen.

Tafel I. 1a und b. Wochengötterstein aus Neckarelz No. 16.
        2a und b. Säule mit Relieffiguren aus Ladenburg No. 30.
        3. Juppiterstatuette aus Ladenburg No. 33.
Tafel II. Viergötterstein aus Iggelheim No. 62 und 62a.